A DECISÃO DE AMAR

Editora Appris Ltda.
1.ª Edição - Copyright© 2020 dos autores
Direitos de Edição Reservados à Editora Appris Ltda.

Nenhuma parte desta obra poderá ser utilizada indevidamente, sem estar de acordo com a Lei nº 9.610/98. Se incorreções forem encontradas, serão de exclusiva responsabilidade de seus organizadores. Foi realizado o Depósito Legal na Fundação Biblioteca Nacional, de acordo com as Leis nos 10.994, de 14/12/2004, e 12.192, de 14/01/2010.

Catalogação na Fonte
Elaborado por: Josefina A. S. Guedes
Bibliotecária CRB 9/870

A663d
2020
	Araújo, Anderson
	   A decisão de amar / Anderson Araújo.
	   - 1. ed. – Curitiba: Appris, 2020.
	    109 p. ; 21 cm – (Artêra)
	
	   ISBN 978-85-473-4098-8
	
	   1. Ficção brasileira. I. Título. II. Série.
	
	                                      CDD - 869.3

Appris
editora

Editora e Livraria Appris Ltda.
Av. Manoel Ribas, 2265 – Mercês
Curitiba/PR – CEP: 80810-002
Tel. (41) 3156 - 4731
www.editoraappris.com.br

Printed in Brazil
Impresso no Brasil

Anderson Araújo

A DECISÃO DE AMAR

FICHA TÉCNICA

EDITORIAL	Augusto V. de A. Coelho
	Marli Caetano
	Sara C. de Andrade Coelho
COMITÊ EDITORIAL	Andréa Barbosa Gouveia (UFPR)
	Jacques de Lima Ferreira (UP)
	Marilda Aparecida Behrens (PUCPR)
	Ana El Achkar (UNIVERSO/RJ)
	Conrado Moreira Mendes (PUC-MG)
	Eliete Correia dos Santos (UEPB)
	Fabiano Santos (UERJ/IESP)
	Francinete Fernandes de Sousa (UEPB)
	Francisco Carlos Duarte (PUCPR)
	Francisco de Assis (Fiam-Faam, SP, Brasil)
	Juliana Reichert Assunção Tonelli (UEL)
	Maria Aparecida Barbosa (USP)
	Maria Helena Zamora (PUC-Rio)
	Maria Margarida de Andrade (Umack)
	Roque Ismael da Costa Güllich (UFFS)
	Toni Reis (UFPR)
	Valdomiro de Oliveira (UFPR)
	Valério Brusamolin (IFPR)
ASSESSORIA EDITORIAL	Monalisa Gobetti
REVISÃO	Natalia Lotz Mendes
PRODUÇÃO EDITORIAL	Lucas Andrade
DIAGRAMAÇÃO	Daniela Baumguertner
CAPA	Suzana vd Tempel
COMUNICAÇÃO	Carlos Eduardo Pereira
	Débora Nazário
	Karla Pipolo Olegário
LIVRARIAS E EVENTOS	Estevão Misael
GERÊNCIA DE FINANÇAS	Selma Maria Fernandes do Valle

A todos os leitores.

AGRADECIMENTOS

A Deus, à minha família e ao Maestro Paulo César, que aceitou o convite para escrever o prefácio.

APRESENTAÇÃO

A música envolve a tudo o que existe, porque ela segura a mão da existência e se apresenta a cada partícula criada. Mesmo antes de escrever meu primeiro livro em 2003, tinha vontade de passar algo para o papel que colocasse a música na história e a deixasse na vida de algum personagem. Depois do lançamento do livro *O ataque invisível* (2018), a vontade de escrever um livro, tendo um músico como o personagem principal, aumentou. Pensei muito para escrever alguma história e um dia, tocando violão, fiz uma sequência de acordes e comecei a escrever o livro *A decisão de amar*.

Anderson Araújo de Oliveira

PREFÁCIO

"Repita por favor, repita! – Repetir o quê? O que você acabou de dizer... – Como o meu coração bate forte." Uma frase dita espontaneamente pela pessoa amada é o suficiente para desencadear no músico Ruan uma nova canção. Com seu violão busca o tom ideal, as primeiras sequências de acordes surgem no ambiente, a prosódia musical sendo abraçada, é o despertar de uma nova canção refletindo um sentimento profundo e intenso. O jovem exterioriza seu amor através de versos melódicos e ritmados no dedilhar nas cordas do violão, e dedica as suas músicas à mulher de sua vida. O escritor Anderson Araújo nos presenteia com esta obra de ficção ardente e apaixonante.

Estamos em tempos de extrema ausência de amor, onde o "eu te amo" é minimizado a uma simples expressão. Onde as pessoas vivem na superficialidade. No entanto, caro leitor(a), convido-o(a) a ler este livro acreditando que será surpreendido(a) pela intensidade do amor, contado com tanto ardor nesta obra, que nos convida a refletir! O autor nos presenteia com lindas músicas de sua própria autoria, feitas para concluir o desenrolar da história. Mas como em toda história de amor, nem tudo são flores, há dias difíceis também. O autor pretende nos mostrar a real entrega que há quando existe amor envolvido.

Quando a situação foge ao nosso controle *A Decisão de Amar, faz toda diferença.* As canções apresentadas nesta obra representam bem essa realidade. Deixo para você, caro leitor, através destas páginas descortinar a mente do autor!

Sinto-me demasiado honrado pelo convite para prefaciar o presente livro, pelo meu amigo escritor e músico Anderson Araújo, que nos primórdios da sua juventude, iniciou seus estudos musicais, sempre dedicado e extremamente zeloso e comprometido em tudo que fazia. Desejo-lhe mais sucesso!

    Boa leitura!

Paulo César Santos

Músico e Maestro

Guarujá/SP

SUMÁRIO

1
O RELACIONAMENTO TEM QUE SER DURO COMO UMA ROCHA E TER A LEVEZA DE UMA PÉTALA 15

2
O SONHO DO MÚSICO NÃO CRIA ASAS SOZINHO 27

3
A INFIDELIDADE CRIA UM ABISMO: A SEPARAÇÃO 47

4
A DOR MUDA A CONCEPÇÃO SOBRE A VIDA 65
   PARTE 1 65
   MESES ANTES DO ACIDENTE 68
   O ACIDENTE 76

5
A DOR MUDA A CONCEPÇÃO SOBRE A VIDA 77
   PARTE 2 77

6
O TEMPO TEM DUAS FACES 91

7
A VIDA ENSINA A TODOS, MAS SÓ ALGUNS APRENDEM A VIVÊ-LA 101

8
UMA HORA IREMOS DIZER ADEUS 103

1

O RELACIONAMENTO TEM QUE SER DURO COMO UMA ROCHA E TER A LEVEZA DE UMA PÉTALA

"A música tem braços, pernas, olhos que podem enxergar o sentimento que paira na profundeza do coração, mãos fortes e poderosas, mas ao mesmo tempo carinhosas. Ela tem o poder de fazer uma multidão chorar e, depois de alguns segundos, tirar belos sorrisos de admiração. E o que falar do aroma? Cada nota tem uma fragrância que tranquiliza a alma e a faz voar na imensidão dos melhores sonhos e pensamentos que podem passar no âmago humano. Ela faz o desanimado ter ânimo e a escuridão do ódio desaparecer com o reluzir do amor. Quando o infiel a ouve no profundo do seu coração, lembra-se dos seus dias felizes, da fidelidade. A música, em um piscar de olhos, leva os ouvintes ao tempo da sua infância, adolescência, juventude e a lugares e momentos inesquecíveis; e os cabelos brancos mostram a importância dela nos dias felizes e infelizes, de paz e de guerra, da vida e da morte."

Esse trecho é de um livro que estava lendo, na manhã de uma sexta-feira nublada, deitado no sofá e angustiado no meu interior. Preciso contar alguns detalhes para todos entenderem.

– O que está lendo?
– Aquele livro que você me deu.

– Está gostando?
– Muito interessante – eu sentei-me no sofá – Amanda, temos que conversar um pouco.

Ela saiu da cozinha com duas xícaras de café.

– Sobre o quê? – ela se sentou e me deu uma xícara.

– Obrigado. Tocar covers não paga as contas e você tem que se matar em trabalhar. Isso não está certo.

– Já conversamos sobre isso. Eu faço o que gosto e você também, por isso continue tocando e cantando.

Nós continuamos a conversa por alguns minutos até que iniciou uma chuva extremamente forte.

– Está vendo, Ruan. Até os céus choram por ouvir sua conversa, querendo deixar o seu dom de lado para trabalhar em algo que traga dinheiro. Cada um nasceu para deixar esse Universo mais belo e você o deixará com a música, meu Amor. – Ela fixou profundamente os olhos em mim e disse – Como o meu coração bate forte quando lhe vejo tocar e cantar.

Eu deixei a xícara em cima da mesinha de canto e me virei rapidamente para ela.

– Repita essa última frase que você acabou de dizer, por favor.

Ela, sem entender o que estava acontecendo, tentou repetir.

– Como amo vê-lo tocar e cantar.

– Não foi isso. Foi algo "Como meu coração...".

Ela me interrompeu.

– Isso. Como o meu coração bate forte...

Eu nem a deixei terminar. Peguei uma caneta e um caderno de anotações, que deixava em cima da mesinha de canto, e anotei essa frase.

"Como o meu coração bate forte."
– Por que anotou essa frase? – Ela me indagou.
– Alguma coisa me diz que pode ser encaixada em uma música.
– Que bom ouvir isso. Agora vou tomar um banho, porque já tenho que ir. Ah! Quando eu chegar, quero ver a música pronta. – O riso amoroso surgiu naturalmente entre seus lábios.
– Minha Razão, se fosse tão fácil compor uma música, já teria pelo menos uma sendo cantada pelas pessoas.
– Não quero saber, inspire-se em algo e faça o que você nasceu para fazer.

Eu fiquei sentado pensando na frase: "Como o meu coração bate forte".

Todos os músicos que compõe sabem que a inspiração pode surgir de uma palavra, de uma frase, de um olhar, de um amor, de uma perda, de um acorde, de um sentimento... e foi isso o que aconteceu comigo naquela manhã, tomando uma xícara de café com minha amável esposa. Depois, ela me deu um beijo e foi trabalhar. Percebi que a chuva tinha se transformado em uma garoa, por isso me levantei e fui ao quintal. Caminhando no gramado molhado, fiquei pensando na minha inspiração, minha esposa, e a chuva ficou forte novamente. Entrei ensopado, troquei de roupa, fui à sala, peguei o violão e sentei-me no sofá. Mas aquela frase não saia da minha cabeça.

"Como o meu coração bate forte."

Fiz uma sequência de acordes e foi esta: "A9 – E – F#m – D".

Tentei encaixar a frase, "Como o meu coração bate forte", mas não dava o time certo. Parei e olhei pela janela a chuva caindo deliciosamente nas árvores. Tive uma vontade enorme de sair e tomar um banho nela. Tirar minha camisa e sentir aquelas gotas caírem sobre mim, de repente pensei na minha Amanda. O amor dela por mim era notável. Eu também queria tirar minha roupa do orgulho, do egoísmo, da falta de educação com ela, das palavras duras direcionadas a ela, e sentir mais e mais o amor dela que me fazia viver. Foi daí que pensei na letra: "Como a chuva me molha. Quero que você me ame." Encaixou no time certo da sequência que tinha feito. Fiquei várias vezes tocando esta parte para senti-la:

A9   E   F#m   D

"Como a chuva me molha. Quero que você me ame."

Parei um pouco de cantar e fiquei apenas tocando os acordes e acrescentei a segunda parte da sequência, que foi esta: "A9 - E - F#m - D - Bm7 - E". Fiquei pensando, pensando e finalmente escrevi a segunda parte da letra.

"Como o meu coração bate forte ao vê-la vindo em minha direção dizendo, meu Amor." Ficou assim:

A9   E   F#m   D

"Como a chuva me molha. Quero que você me ame."

| A9 | E | F#m | D | Bm7 | E |

"Como o meu coração bate forte ao vê-la vindo em minha direção dizendo, meu Amor."

Obrigado! Mas me deixem continuar, por favor. Toquei algumas vezes e gostei da letra. Liguei para o Bruno, o tecladista da banda e grande amigo meu, e disse que tinha escrito algo bom e o chamei para dar uma olhada. Ele era mecânico e estava montando um carro, portanto não podia ir naquela hora. Meu coração estava fervendo e queria mostrar aquela letra para alguém. Minha esposa só chegaria à noite. Não queria ligar novamente para o Bruno, porque naquela época a ligação era muito cara, mas depois de três horas liguei outra vez para ele, que tinha acabado de almoçar e já estava indo me ver. Até que chegou.

– Então, mostre-me o que você fez.

– Primeiro, sente-se e diga a verdade sobre esta letra.

Comecei a tocá-la e no mesmo momento vi, pelos gestos do seu rosto, que ele tinha gostado.

– Irmão, você já fez a outra parte?

– Ainda não. Só queria saber o que você acharia para eu continuar a escrever.

– Está excelente. Não pare! Essa letra é para a Amanda?

– Sim. Ela é a inspiração dessa música.

Ficamos ali, tocando e tentando fazer a continuação dela, mas nada dava mais certo. Ele foi embora e fiquei sozinho com o meu violão e os pensamentos fervendo na minha cabeça. Eu queria gritar para surgir a continuação dela no fundo da minha alma. Mas, por mais que tentasse, não conseguia terminá-la. Finalmente desisti de tentar e lembrei-me de que não tinha almoçado e já eram 17h.

Próximo das 20h ela chegou. Amável como sempre e vinha com algo novo para me contar todo dia.

– A tia foi à loja e me deu um livro maravilhoso sobre gestão.

– Ela está na cidade? Falou muito mal de mim para você?

– Não comece, Ruan. Sabe que ela é mal-humorada com todo mundo e até comigo, que sou a única sobrinha dela. Mas quero falar sobre o livro.

– Pode falar. Depois eu quero lhe mostrar uma coisa.

– Não, mostre-me antes. Você sabe que sou curiosa.

No final, tive que aceitar essa condição que ela me fez (risos). Sentamos no sofá, peguei o violão e disse.

– Você foi a minha inspiração.

A9　　　　　E　　　　　F#m　　　　　D

"Como a chuva me molha. Quero que você me ame."

A9　　　E　　　F#m　　　D　　　Bm7　　　E

"Como o meu coração bate forte ao vê-la vindo em minha direção dizendo, meu Amor."

Ela ficou tão emocionada que nem percebeu que só tinha uma parte da letra.

– Você a fez pensando em mim?

– Fiz. Coloquei a sua frase.

Ela colocou as duas mãos no rosto.

– Eu ouvi. Que música linda!

– Mas ainda não está pronta. Chamei o Bruno para ouvi-la e me ajudar a terminá-la, mas não conseguimos. Amanhã, no ensaio, vou mostrar para a banda. Agora me diga o que você queria contar sobre o livro.

Mas antes de eu imaginar, ela já estava vindo na direção dos meus lábios para me beijar.

– Obrigada, meu Amor.

– Eu que tenho que lhe agradecer, minha Razão. Agora eu que estou curioso para saber sobre o livro.

– Tudo bem, mas quero ouvi-la mais depois.

– Você manda, Amanda.

– Então, este livro tem várias histórias e a primeira é muito interessante.

– Qual?

– Vou ler para você.

Estou contando essas partes para vocês perceberem como tínhamos esses momentos juntos. Ela amava ler histórias para mim e, como eu sabia disso, amava ouvi-la ler.

"Um homem muito rico enviou sua filha para passar uma tarde com um ancião que vivia em uma cabana, ele era considerado muito sábio. Grandes líderes e empresários iam conversar sempre com ele. O ancião a olhou e conversou um pouco com ela. Depois a levou até uma rocha que ficava próxima a uma montanha. Ele perguntou para ela:

– Você sabia que essa rocha tem mais conhecimento do que todos nós?
Ela não entendeu o que o ancião queria dizer. Ele percebeu e perguntou novamente.
– Você sabia que essa rocha tem mais conhecimento do que todos nós?
Ela apenas achou aquela pergunta sem sentido.
– Desculpe-me, mas não estou lhe compreendendo.
O ancião olhou-a no fundo dos seus olhos.
– Você será uma grande empresária e terá que fazer decisões que poderão prosperar ou arruinar com todo o trabalho dos seus pais e dos sócios. Por isso você deve aprender, com essa rocha, a liderar.
A moça ficou olhando para aquela rocha sem entender absolutamente nada. E o ancião perguntou:
– Agora você compreendeu a pergunta?
Ela ficou em silêncio. O ancião, vendo aquela mudez, fez um pedido para ela.
– Eu vou fazer mais uma vez a pergunta, e você só me responda "sim" ou "não".
Ela balançou a cabeça e ele fez novamente a pergunta.
– Você sabia que essa rocha tem mais conhecimento do que todos nós?
Ela, meio envergonhada, disse que não sabia.
O ancião a olhou e disse.
– Nunca saia de uma reunião sem saber do que se trata cada pauta discutida. Nunca fique com vergonha de falar que não sabe e quer detalhes mais específicos do assunto. Nunca tente mostrar que sabe, pois todos que estão em volta saberão que você não sabe. Nunca assine um documento, mesmo tendo apenas uma frase, sem

saber o sentido de cada palavra. Seja firme para falar que sabe e mais firme ainda quando for falar que não sabe. A jovem moça balançou a cabeça aceitando aquelas palavras. O ancião começou a explicar.

– Quando eu era criança, vinha aqui com o meu pai e brincava muito. Essa rocha já estava nesse mesmo lugar havia muito tempo. Eu subia em cima dela, jogava pedra nela e também a riscava com outras pedras. Ela continuava intacta. Ela já recebeu tempestades, passou por dias extremamente quentes, dias de frio e animais já fizeram ninhos nela. A diferença é que quando ela recebe a tempestade, sabe que logo passará. E quando está muito calor, sabe que logo irá anoitecer. O pobre mortal fica desesperado quando surge uma tempestade, e se afoga no seu próprio desespero e quando a tempestade passa, ele já está morto. Saiba de uma coisa: quando você liderar, vai receber pedradas e muitos serão falsos com você. Também terá dias totalmente difíceis e outros desanimadores, que vai querer sumir. Mas seja firme como a rocha e verá que muitos terão confiança em você e vão querer o seu abrigo, ou seja, sua liderança. Coloque isso na sua cabeça: todo o problema passa, assim como os anos da sua vida passam. Mas não é só isso.

Ele apontou para uma flor que estava perto daquela rocha e disse:

– Se você liderar somente como uma rocha, não será a liderança completa. A outra característica que você tem que ter é a semelhança de uma pétala. Ela é frágil, delicada e sensível, mas quando todos estão passando por ela, param para admirá-la. As pétalas têm cores belas e todos ficam encantados com elas. Na sua liderança, seja educada, ouça as pessoas, mostre a sua beleza ao liderar, não simplesmente a exterior, mas a que realmente conquista as pessoas, a interior. Não tenha língua grande, seja sincera e mostre confiança. Não fale de ninguém por trás, isso acabará com a sua liderança da noite para o dia. E toda a vez que quiser sabedoria, olhe para a rocha e para pétala."

– O que você achou dessa história?

– Muito boa.

– Eu, todos os dias, tenho que tomar decisões e às vezes fico com medo e é verdade o que esse ancião falou. Mas pensei também no relacionamento.

– Qual relacionamento?

– De todos. O nosso.

– E o que tem o nosso relacionamento?

– Qualquer coisa que acontece, fazemos uma tempestade e nem pensamos que tudo passa, mas o amor permanece. Claro que não estou falando de infidelidade, porque isso é imperdoável. Mas financeiros, emocionais e outras coisas.

– Por exemplo, ter um bebê?

– Isso.

– Minha Razão, você sabe que também quero ter, mas não está na hora.

– Ruan, como você sabe que não está na hora?

– Não tenho condições de criar uma criança, Amanda. Você sabe que essa vida de músico é difícil demais e todos os dias acordo pensando em largar tudo, colocar uma gravata e sair atrás de um emprego. Olhe o Bruno, ele toca, mas também é mecânico. E o que eu sei fazer? Não sei fazer nada. Absolutamente nada.

– Claro que você sabe, Ruan. Você sabe tocar e cantar como ninguém. E você sabe que eu trabalho e podemos criar nosso filho. Também não se compare com o Bruno, porque a mecânica é do pai dele.

– Você era para ser a dona daquela loja e não apenas gerente. A sua tia só não lhe deu porque você se casou comigo, um pobre músico.

– Não fale isso, Ruan, por favor. Vou fazer uma pizza, o que acha?

– Eu quero conversar mais, Amanda.

– Tudo bem, mas primeiro vou fazer uma pizza e quero que você toque aquela música que fez pensando em mim. Depois continuamos a conversa. Pode ser?

Alguns anos depois eu fui entender que ela estava sendo a pétala naquele momento. Ela só queria ouvir que poderíamos ter um filho, mas fui um imbecil e sem nenhuma noção da vida. Se eu tivesse dito o que ela queria ouvir, poderia ser tudo diferente no futuro.

2

O SONHO DO MÚSICO NÃO CRIA ASAS SOZINHO

"Em certo reino havia dois irmãos que eram músicos, porém um nasceu com o dom e o outro tinha que treinar e estudar bastante. Era notório perceber a facilidade que o mais velho tinha para a música, enquanto o mais novo se esforçava sete vezes mais para tocar quase igual ao seu irmão. Isso foi comprovado uma vez, quando os dois iam tocar juntos em um festival de músicas clássicas. Tocando os mesmos instrumentos musicais, receberam as partituras, uma sendo a 1.ª voz e a outra a 2.ª. As pessoas que estavam na casa disseram que o mais velho tocou apenas duas horas e já sabia tocar as duas. Porém o mais novo teve que estudá-las por nove horas para deixá-las maravilhosas para serem ouvidas. Por ter muita facilidade, o mais velho não praticava muito e muito menos estudava. Enquanto o mais novo passava horas e mais horas treinando arpejos, ritmos, pois queria deixar a música perfeita aos ouvidos dos pássaros. Em uma noite estrelada, uma notícia pegou todos de surpresa: o músico do rei estava muito doente e iam fazer um concurso para nomear outro para o rei. Todos já olharam para o irmão mais velho e deram os parabéns. Tinham certeza, até mesmo outros músicos, que ele seria o novo músico do rei. Todos os que iam participar receberam as partituras das músicas que o rei mais gostava. O irmão mais velho as tocou rapidamente, porque não teve dificuldade nenhuma. O mais novo ficou tocando e estudando compasso por compasso, do primeiro dia até o último. E houve alguns músicos que não conseguiram tocar algumas músicas e, portanto, não foram para o concurso. Algumas pessoas falaram, depois do concurso, que o mais novo as tocou tanto que, ao dormir, sonhava com elas e as cantava. Chegado o dia, o rei levantou do seu trono e disse quem era que ia escolher o seu novo músico. De repente trouxeram o músico que estava doente, mas com a sua sensibilidade à musica intacta. O rei bateu palmas para começar o concurso. Algumas horas depois, o rei dirigiu-se ao seu músico doente e ele sussurrou algo em seu ouvido. Todos os que estavam tocando e os que estavam apenas acompanhando o concurso esperaram ansiosos a escolha, mas ouviram outra coisa. O rei disse que queria ouvir dois músicos tocarem novamente, por coincidência, os dois irmãos. Cada um tocou e o rei se dirigiu novamente ao seu músico doente. Ele pronunciou algumas palavras que depois foram de conhecimento de todos. Ele disse: "- Vossa Majestade, os dois são perfeitos. Aquele da direita tem uma facilidade incrível e nasceu para tocar. Mas aquele da esquerda, além de tocar perfeito como o outro, tem intimidade com a música. Ela o envolve por completo, seu coração bate conforme o ritmo da música e seus rins são tomados pelas notas musicais. Ela o conhece e ele a conhece. Escolha o da esquerda, ele, além de tocar músicas belas, tocará o seu coração.".

    Essa história é do mesmo livro daquela da rocha e da pétala. A Amanda achou interessante e leu para mim. Ela me explicou com a visão de gestão. Depois eu li e não entendi por que o escritor não informou os instrumentos que eles tocavam. Fui falar com ela sobre isso e também ficou pensando. : Cheguei à conclusão que a história queria nos passar a ideia do valor da dedicação. Não importa se você nasceu com dom ou sem dom para aquilo que você quer. O grande lance de tudo é que todos nascem pelados e devemos buscar aquilo que nascemos para realizar.

Estou falando isso, porque comigo não foi diferente, e quero contar um pouco dessa parte da minha vida.
– Você é sanguessuga, Ruan. Não trabalha e fica nas costas da minha sobrinha, que a tenho como filha.
– Dona Amélia, isso não é verdade. Eu sou músico.
– Músico? Eu fui semana passada ao concerto e não vi você tocando lá. Por que será?
– Não toco esse estilo de música, dona Amélia. Mas mesmo assim, a Amanda e eu nos amamos.
– O amor coloca comida no prato? Paga as contas? Paga o carro? Então a linha do telefone deve ter sido ele quem a adquiriu, não?

Doía muito ouvir essas palavras da tia da minha esposa. Porque quem deu a linha telefônica, foi ela. Para vocês terem uma ideia, a linha telefônica era tão apreciada como um carro e as pessoas ficavam anos na espera para conseguir uma. Ela não gostava nem um pouco de mim e sempre tentava me colocar para baixo, e conseguia. Até o carro foi ela quem deu para minha esposa ir ao trabalho. Ela sempre arrumava um jeito de falar comigo sem a Amanda saber e eu não queria encher a cabeça da minha esposa com essas coisas. Mas lembro-me de um dia, quando a fúria da tia dela me chamou de imprestável e vagabundo. Eu pensei em me matar e quando o pensamento estava criando forma e crescendo como uma doença, li uma frase: "O corajoso sempre pensa na vida do outro, mas o covarde pensa no suicídio". Pensei nos bombeiros que podem morrer por pessoas que nem conhecem. Senti-me envergonhado por aquele pensamento e nunca mais pensei em tirar a minha vida. Alguém aí gritou sobre a minha infância? Posso falar rapidamente dela e de como conheci a Amanda. Mas não quero me prender a isso, porque não teremos tempo para falar tudo e também vou falar algumas particularidades posteriormente. Não conheci meus pais e cresci em um orfanato. Aos cinco anos fui adotado por um casal muito especial. O seu Alberto era caminhoneiro e ensinou-me a tocar violão. A dona Rute era costureira e ensinou-me a atravessar a rua e comprar linhas e agulhas quando precisava. Quando eu estava com 11 anos, o seu Alberto foi levar umas mercadorias para o Mato Grosso e nunca mais voltou. A dona Rute acabou ficando muito debilitada e morreu quando eu estava com 15 anos. A casa era alugada e tive que me virar nas ruas. Conheci várias pessoas boas e ruins, mas o que foi realmente bom para mim foram os músicos que acabei conhecendo, pois foi com eles que fui aprendendo a tocar de verdade. Com 18 anos já estava tocando e cantando nos barzinhos, e conheci a Amanda em uma bela noite, quando estava apresentando-me em um bar. Resumi um pouco essa parte porque quero prosseguir no assunto anterior.

– Eu tenho uma proposta para você, Ruan. Se você pedir o divórcio ou simplesmente acabar com o casamento, eu banco a gravação de um disco para você.

Eu não acreditei naquilo que a tia dela estava me pedindo.

– Jamais, dona Amélia. Pode ficar com o seu dinheiro e me deixe com meu amor.

– Tudo bem, Ruan. Mas se mudar de ideia é só me falar. Porque sem nenhuma ajuda você nunca vai conseguir gravar um disco.

Realmente não estava nada fácil naquele tempo, mas nunca iria acabar meu casamento por causa daquela proposta indecente. Ensaiávamos sábado, domingo e um dia antes das nossas apresentações. Tocávamos muito bem, mas não conseguíamos bons shows para fazer. Um dia o Bruno me chamou para assistir a um vídeo que não soube me explicar ou não queria falar o assunto. Naquele tempo era o videocassete com suas enormes fitas VHF. O palestrante estava em um barco e no mar vários tubarões querendo só uma oportunidade para devorar algo. Ele disse: "Olhem esses tubarões! Eles nos dão medo porque estão vivendo como tubarões. Estão no lugar deles que é o mar. Se alguém cair, pode ter certeza, seria feito um banquete". O vídeo ficou com uma tela preta e voltou a imagem com o palestrante em um deserto, dizendo: "Olhem este lugar! Agora, imaginem um tubarão aqui, será que ele amedrontaria como no mar? Claro que não! Ele seria inofensivo e até uma criança ia chegar perto dele. Por quê? Porque se ele estivesse aqui, não estaria vivendo como um tubarão e iria morrer. O que eu quero dizer com isso? Você deve viver para fazer aquilo que nasceu. Se você nasceu para ser pintor, seja o melhor do planeta. Faça como os tubarões, ponha respeito e que possam falar que você sabe muito bem fazer o que está fazendo. Se nasceu para ser músico, seja o melhor músico e as conquistas virão com o tempo. Há pessoas que vão viver infelizes, porque rejeitam o que amam fazer e vivem pelo dinheiro e aos poucos serão consumidas igual ao tubarão no deserto. Tudo o que você quer conquistar na sua vida precisa ser constante e se não tiver disciplina, metas e objetivos, não chegará a lugar nenhum. Não existe mágica. Somente aqueles que não desistem conseguem conquistar o inimaginável e o impossível diante das outras pessoas. E mais uma coisa: tudo o que for fazer, não pode ser uma obrigação e, sim, um prazer". Eu fiquei espantado com esse vídeo, porque a Amanda sempre falava para eu fazer aquilo que nasci para fazer, que era tocar e cantar. Parece que são aquelas histórias de filmes ou um conto de fadas, mas já aconteceram com vocês coisas que se sucedem para levá-los unicamente para uma coisa específica? Parece que é coincidência, ou até mesmo loucura, porém eu era induzido a tocar e cantar. Dias depois desse vídeo, fiz uma reunião com a banda.

– Pessoal, chegou o nosso momento. Vamos ser cautelosos, mas ousados.

O Pedrinho, que era o guitarrista, olhou para mim.

– Ruan, você está chapado? Assistiu a algum filme do Napoleão Bonaparte falando com o exército antes de ir a uma guerra?

– Não, Pedrinho. Temos que mergulhar naquilo que queremos. Vamos dar o nosso melhor e mesmo nos arrastando: tocar, tocar e tocar.

Assim como existe o pessimismo para prender as pessoas que estão em volta, há o otimismo que faz o inverso, solta as pessoas que lhes ouvem. Eu estava transbordando de emoção e paixão pela música e queria me entregar para ela e desejava, de alguma forma, que fosse a minha aliança eterna entre a Amanda e eu.

– Hoje vamos ficar a noite toda compondo uma música e ela será a primeira de muitas.

O Douglas, baterista da banda, não aprovou muito minha iniciativa.

– Ruan, eu tenho família e acordo de manhã para trabalhar.

– O ponto crucial do sucesso, Douglas, é o esforço, e passar pelos obstáculos para alcançar os objetivos. Você acha que tem quantas bandas tentando gravar um disco? Quantas bandas estão ensaiando agora? Eu sei que você trabalha, mas também sei que você baba a noite toda e pode estar acordado com o grupo para ter sucesso.

Ficamos nos olhando por alguns segundos e todos concordaram de ficarmos aquela noite compondo nossa primeira letra em grupo. Cada um foi avisar a sua família, menos o Bruno, que já estava em sua garagem. Depois ficamos sentados falando sobre tudo, o que passava em nossas cabeças para escrever a letra, hoje chamaríamos de Brainstorm. E pela comédia do destino, quem teve uma excelente inspiração para uma letra foi o Douglas, o baterista, que queria ir dormir.

– Rapaziada, olhem isso.

Ele nos mostrou a letra e era esta: "Tudo o que nós queremos. É não ter mais irritação e andarmos por aí". O Bruno, que também gostava de escrever, logo falou:

– Muito boa, mas podemos colocar "solidão" no lugar de "irritação".

Eu peguei o violão e o Bruno já estava fazendo uns acordes no teclado. O Pedrinho e o Douglas ficaram tentando dar continuidade à letra. O campo harmônico escolhido foi o de Ré maior e ficou assim:

D   D9   Bm7   G   A9   A

"Tudo o que nós queremos é não ter mais solidão e andarmos por aí."

E continuamos a conversa sobre a letra e o Bruno disse.

– Todos querem sair da solidão.

– Menos o gênio Albert Einstein, que amava a solidão.

– Será, Ruan? Eu amo sair da solidão. – O Pedrinho falou isso e deu uma bela gargalhada.

O Douglas, sempre o mais sério do grupo, deu continuidade à sua letra.

– Sério, rapaziada. Quando estou em um momento de solidão, quero sair dela, mas é difícil. Podemos colocar "A busca por isso é grande, o difícil é sonhar e realizar".

Todos gostaram, mas o Pedrinho quis melhorar a letra.

– O difícil é sonhar e acreditar que pode sair dela.

Acabamos decidindo que ficaria "A busca por isso é grande, o difícil é sonhar e acreditar". O Bruno já estava no teclado e começou a tocar.

| G | A9 | A | D | D9 | F#m | G |

"A busca por isso é grande, o difícil é sonhar e acreditar."

– Bruno, e se colocasse a relativa de Sol sendo o primeiro acorde?

– Podemos tentar, Ruan.

| Em | A9 | A | D | D9 | F#m | G |

"A busca por isso é grande, o difícil é sonhar e acreditar."

– Deu uma tonicidade a mais com o Mi menor.

– Verdade, Pedrinho. Agora vamos tocar essa parte completa.

| D | D9 | Bm7 | G | A9 | A |

"Tudo o que nós queremos é não ter mais solidão e andarmos por aí."

| Em | A9 | A | D | D9 | F#m | G |

"A busca por isso é grande, o difícil é sonhar e acreditar."

Enquanto nós estávamos criando a harmonia, Douglas estava escrevendo a continuação. A noite de inspiração era dele e nós percebemos e deixamos a letra por sua conta. Eu perguntei ao Douglas:

– O que achou?

– Está ótimo, mas olhe a outra frase que fiz.

"Ah, como queria poder voar e gritar o mais alto possível."

Olhamos essa frase e eu gostei na mesma hora que a vi. Começamos a criar a harmonia e o Douglas continuou escrevendo.

– Podemos subir o vocal. Pode ficar assim. – O Bruno tocou a sequência.

Em   A9   A   F#m   G   A9   A

"Ah, como queria poder voar e gritar o mais alto possível."

Toda banda tem alguém que é o coração e o nosso era o Bruno. Muitos pensam que o vocalista é o mais importante, mas, por trás, pode ter alguém que faz a banda caminhar e progredir com belas canções, harmonias e muito mais.

– Ficou muito boa essa sequência.

– Temos que continuar, porque a inspiração está fluindo hoje.

– E aí Douglas, cadê a continuação?

– Fiz outra parte, mas não me entusiasmou.

– Passe aí.

"Eu sou livre para caminhar! Eu sou livre para acreditar!"

– O que acharam? – Eu perguntei.

– Show! Já pensei na harmonia – O Bruno já foi tocando.

G   A   D   D9   G   G   A   D   D9   G

"Eu sou livre para caminhar! Eu sou livre para acreditar!"

A inspiração estava pairando entre nós naquela noite. Ali, eu vi que íamos levantar voo e chegar a lugares altos. Porque estávamos em concordância. Quando vocês olharem para um formigueiro, percebam que o trabalho mútuo e a força não tem individualidade, mas concordância. A mesma coisa acontece em uma colmeia. Por isso eu sabia que íamos progredir a partir daquela noite.

– Muito bom! Cadê o resto, Douglas? – O Bruno perguntou.

– Está aqui.

"Mas não tenho forças para viver isso. E tudo o que penso e sinto não me deixam ser livre da solidão."

Para resumir essa parte maravilhosa da banda, só tenho que dizer que o Douglas escreveu a letra e o Bruno foi elaborando a harmonia. Terminamos essa música às 05h50min e todos estavam sem sono e muito menos cansados. Vocês a conhecem, por isso vamos cantá-la? Os pássaros têm asas para voar e eu tenho o meu piano para tocar e ouvidos para ouvir vocês cantarem comigo!

Tudo o que nós queremos é não ter mais solidão e andarmos por aí.

A busca por isso é grande, o difícil é sonhar e acreditar.

Ah, como queria poder voar e gritar o mais alto possível.

Eu sou livre para caminhar! Eu sou livre para acreditar!

Mas não tenho forças para viver isso. E Tudo o que penso e sinto não me deixam ser

livre da solidão que sinto sem você. Somente sem você.

Deixe-me sonhar no seu coração! Deixe-me viver no seu coração!

Deixe-me caminhar no seu coração! Deixe-me livrar da solidão!

Óh meu Amor! Oh! Oh! Me livre da solidão com seu amor!

Oh! Oh! Me livre da solidão com seu amor!

Obrigado, pessoal! Muito obrigado! Lembro-me que o Pedrinho disse que tínhamos que melhorar a letra dos erros gramaticais, porém o Bruno olhou para ele e, extremamente calmo, pronunciou estas belas palavras que nunca vou esquecer:

"Pedrinho, quando você escreve uma música, não pode ficar preso à ênclise, mas tem que dar vida à letra e não a deixar presa em uma gaiola como muitos fazem com os pássaros. A única coisa que você deve se preocupar é que os erros foram conscientes e os compassos e os tempos musicais precisam ser encaixados harmoniosa e melodicamente um ao outro, mesmo tendo que colocar o pronome oblíquo tônico 'mim' no lugar do pronome do caso reto 'eu'."

Depois, nossa ideia era levá-la a alguma gravadora, mas foi diferente o que aconteceu. Íamos tocar em um pequeno show de novas bandas e tínhamos que escolher apenas uma música. Eu dei a ideia de tocar a nossa própria e todos concordaram. Era a primeira vez que íamos tocar para outras pessoas ouvirem e não sabíamos como ia ser a reação delas. Se fosse hoje em dia, colocaríamos no YouTube, mas naquele tempo não existia nada além de colocar a música ao vivo diante da plateia. E antes de subirmos ao palco, o Bruno pensou em um improviso e vou apenas falar a letra como ficou naquele dia:

"Deixe-me sonhar no seu coração! Deixe-me viver no seu coração!"

"Deixe-me caminhar no seu coração! Deixe-me livrar da solidão!"

"Tudo o que nós queremos é não ter mais solidão e andarmos por aí."

"A busca por isso é grande, o difícil é sonhar e acreditar."

"Ah, como queria poder voar e gritar o mais alto possível."

"Eu sou livre para caminhar! Eu sou livre para acreditar!"

"Mas não tenho forças para viver isso. E Tudo o que penso e sinto não me deixam ser

livre da solidão que sinto sem você. Somente sem você."

"Deixe-me sonhar no seu coração! Deixe-me viver no seu coração!"

"Deixe-me caminhar no seu coração! Deixe-me se livrar da solidão!"

"Óh meu Amor! Oh! Oh! Me livre da solidão com seu amor!"

"Oh! Oh! Me livre da solidão com seu amor!"

Quando a tocamos, todos ficaram prestando atenção e, ao terminá-la, todos pediram para que nós a tocássemos novamente. Tocamos e logo vieram perguntar sobre a nossa banda. Um produtor nos procurou e deu seu cartão. Foi assim que tudo começou. Observando isso, nota-se que podemos chorar durante uma noite, mas iremos rir por vários dias, porque as lágrimas são sementes que fazem brotar as conquistas e fazem brilhar a esperança em nossos corações. Gravamos e foi um grande sucesso nas rádios e os shows começaram a surgir por causa dessa música. E o Bruno fez um dos grandes sucessos da nossa banda logo em seguida. Ele escreveu esta letra na época que a noiva dele o deixou para ir atrás da carreira jornalística. Ele nem se lembrava mais da letra e a encontrou por acaso em uma caixa de sapato e fez a harmonia. Vamos cantá-la?

Como é bom sentir o coração palpitar de amor por você e ouvir sua bela voz.

Dizendo pra mim esperar que já vamos voltar e viver só nós dois nos amando.

Mas é difícil demais aguardar o tempo passar e eu quero estar ao seu lado.

Venha logo meu Amor! Por que foi embora? Deixe tudo para trás.

Me mostre ainda que sou importante pra você e venha logo me encontrar.

A busca por saída tenho feito. Chorando pelos cantos tenho vivido.

Não dá mais pra eu viver desse jeito. Dizer adeus é o meu último suspiro.

Pra você!

Obrigado, pessoal! Acho que essa música fala com você, que fica sofrendo por alguém, e a vida vai passando e, quando percebe, já esgotou a sua energia, saúde, até que você se dá conta que perdeu tudo o que a vida poderia lhe proporcionar. Cada coisa que nos faz mal, temos que morrer para aquilo e nunca perder a esperança que a noite é um prelúdio que irá amanhecer.

Essas duas músicas nos deixaram no topo dos convites para shows. A única coisa que não me dei conta é que estava passando menos tempo com minha esposa. As entrevistas para revistas, convites para ir às rádios, autógrafos e outras coisas, tudo era novidade para nós quatro da banda. Um dia que íamos tocar em um show em São Paulo, tive muita saudade da Amanda e liguei para ela. Conversamos um bom tempo, porque eu já tinha dinheiro suficiente para pagar aquelas ligações caríssimas. Ela lembrou-me de várias coisas e foi um momento que estava longe dela fisicamente, mas unido no amor.

– Amor, você se lembra daquele dia que você estava tocando e quando terminou, eu me levantei para lhe aplaudir?

– Como poderia esquecer o primeiro dia que lhe vi? Foi um dia inesquecível e achei muito engraçado também.

– Sabe o que é engraçado?

– O quê?

– Eu sempre fui tímida para fazer essas coisas e não sei como tive coragem. As minhas amigas me chamando de louca foi engraçado.

– Eu tive vontade de conversar com você, mas não tive coragem.

– E eu querendo que você me chamasse para conversar. Mas depois pensei que você estivesse compromissado e parei de pensar nisso.

– Quando você foi embora, fiquei muito triste. Sempre quando eu ia tocar lá, esperava que você chegasse a qualquer momento. Até que aconteceu.

– Sim. Estou com muita saudade de você, Amor!

– Eu também, minha Razão! Queria estar com você agora e não paro de pensar na sua voz, cheiro, carinho, palavras de ânimo... Você é o meu tesouro nesta terra!

– Amor, estou orgulhosa de você. Minha tia deu parabéns pelo seu sucesso.

– Nosso sucesso! Você tem que se lembrar das vezes que quis desistir e você não deixou. E dê um gambá de presente para sua tia por mim.

– Pare com isso, Ruan! Temos que amá-la por tudo que nos tem feito.

– Se soubesse como ela me ama.

– Do jeito dela, mas ama, sim.

Depois dessa conversa, peguei meu violão e fiz a música "Quando olho pra você", que vocês também conhecem.

Quando eu olho pra você, eu vejo que tenho chance de vencer.

Eu quero conhecer o amor em você.

As oportunidades que foram perdidas me deixaram afastado de você, de você.

Dê-me uma chance! Não vou errar! O nosso futuro vai começar!

Dê-me uma chance! Não vou errar! O nosso futuro vai começar!

Você não me conhece, mas eu quero que conheça!

Quando eu ia falar, você desapareceu!

E não tive tempo de dizer adeus.

Por que eu não disse oi?

A culpa recaiu sobre mim.

Até o dia que apareceu.

Olhou-me e disse oi.

E tudo aconteceu.

Dê-me uma chance! Não vou errar! O nosso futuro vai começar!

Dê-me uma chance! Não vou errar! O nosso futuro vai começar!

    Essa também foi um grande sucesso. Desculpe, pode repetir o que perguntou? Então, vou falar o que aconteceu com a música "Como o meu coração bate forte" mais adiante, ok? Continuando, estávamos no topo das músicas mais pedidas nas rádios. E os convites não paravam de chegar até nós. Foi um ano de extrema correria para todos da banda. Até que começamos a ir aos programas de televisão e piorou a nossa agenda. Nessa época, o Pedrinho começou a beber demais e falávamos para ele ter cuidado. Infelizmente faleceu quando estava dirigindo bêbado, pois bateu o carro. Resolvemos dar uma parada na nossa rotina de shows e ficarmos mais tranquilos. A Amanda e eu estávamos tentando ter um filho, também tínhamos um plano futuro de adotar uma criança.

    – Amanda, você pode parar de trabalhar, se quiser.

– Não, Ruan. Eu gosto do que faço e também já estou trabalhando bem menos.

– Sabe o que sinto falta?

– O quê?

– Quando você escolhia um livro e lia para mim.

– Verdade, Amor. Depois só conversávamos sobre o livro e nunca mais fizemos isso.

A Amanda lia muito e me ensinou a gostar de ler também. Eu me lembro quando cheguei de um show, antes do sucesso, e ela disse que tinha um presente para mim. Ela comprou a HQ *A morte do Superman* e ficamos quase a noite toda lendo e conversando sobre a história. Eu amava quando ela lia para mim com aquela empolgação que saía naturalmente de seus lábios. O amor não exige lugares exuberantes e extraordinários, que o dinheiro pode conquistar para se manifestar, apenas corações entrelaçados na pureza da sinceridade e dando a moeda mais importante da face da terra que está no bolso do amor: o tempo. Eu amo contar histórias, aprendi com a Amanda, e tem uma que me marcou terrivelmente quando eu a li.

Havia um jovem, sua família era muito rica e seus pais lhe davam vários bens, até que um dia o encontraram morto em seu quarto, provavelmente envenenado, e uma carta sobre o seu peito que estava escrito: "Descobri que a minha vida não tem sentido, só há um vazio profundo, as coisas que ganho dos meus pais não me dão mais alegria e as festas não têm mais graça. Eu só sinto falta da atenção dos meus pais, dos abraços, dos beijos, das brincadeiras, da correção, enfim, passar um tempo com eles. Foi daí que percebi que neste mundo não existe mais amor e quando não há mais amor, o ódio se sobrepõe. Meus pais me ensinaram que sem amor é impossível conseguir viver".

Vocês que estão aqui me ouvindo, prometam uma coisa: deem aquilo que é o mais importante e que não volta, o tempo. Abracem as pessoas, beijem seus amores, conversem sobre tudo com elas. Observem os pássaros e conversem sobre eles ou outro assunto que as pessoas não dão valor. Vejam o que a pessoa que você ama gosta de fazer e pesquise aquilo para que consiga conversar com ela. Tentem pensar e se perguntar como fazer o próximo mais feliz. Tirem um sorriso das pessoas e, digo a vocês, isso é como um pescador que, com sua vara de pescar, pesca um peixe em um dia de fome. É a coisa mais agradável que podemos conseguir.

3

A INFIDELIDADE CRIA UM ABISMO: A SEPARAÇÃO

Vou entrar em um ponto sensível e muito horrível para mim. Todos os dias penso que tudo poderia ser diferente e, por minha escolha, mudei o sentido da minha vida. Com todo o respeito para os que acreditam em predestinação, mas é uma teoria extremamente fraca e absurda, porque passei pela porta da minha escolha e tive aquilo que escolhi. Vou contar a parte da minha história que gostaria de apagar.

– Tudo bem, Ruan! Mas você precisa ir ao médico, porque eu já fui.

– Amanda, você está dizendo que eu sou o culpado por você não engravidar?

– Não falei isso! Apenas disse que temos que fazer a nossa parte e ver o que está acontecendo.

– Por favor, Amanda. Essa história de ter um bebê já está me enchendo.

– Ruan, você mudou muito com todo esse sucesso que está fazendo. Preferia vê-lo tocando sem esse glamour todo.

– Você ainda queria me ver sendo humilhado pela sua tia arrogante que sempre falava para eu terminar com você.

– Ela o quê? Por favor, Ruan. Sem paranoia.

– Você não sabe de nada o que passei na mão daquela velha arrogante.

– Vou pedir uma coisa: não fale assim dela, por favor.

– Eu queria que aquela velha morresse e saísse da nossa vida.

– Agora você passou dos limites. Viaje logo, Ruan. Vá fazer o show.

Eu sempre peço perdão aos céus por ter dito isso e me arrependo todos os dias. Não vale a pena estourar e falar coisas absurdas na hora do nervoso, porque, depois que tudo terminar, vai se arrepender. Eu peguei minhas coisas e viajei para o Rio de Janeiro para fazer um show. O Bruno, o Douglas e alguns músicos que foram convidados já estavam no hotel e perceberam logo que eu não estava bem. Fui para o meu quarto descansar um pouco, pois a minha cabeça estava explodindo de dor. Tomei um comprimido e dormi. Acordei com o Bruno batendo desesperado na porta, visto que já estávamos atrasados. Chegamos ao local e fomos direto para o camarim, mas eu saí logo, porque tinha o costume de observar as bandas, que abriam os shows, tocarem. E a última banda que estava se apresentando tinha uma vocalista muito talentosa e era linda demais. Logo pensei: "Essa banda vai fazer sucesso". Voltei para o camarim e falei sobre a banda aos músicos que moravam no Rio de Janeiro, mas ninguém tinha ouvido falar daquela banda nem da vocalista. Chegou a nossa vez e fizemos um show incrível. Ao terminar, a vocalista veio pegar um autógrafo. Não vou mencionar os nomes verdadeiros e vou mudar algumas informações para que não reconheçam as pessoas mencionadas.

– Por favor, pode me dar um autógrafo na camisa?

– Posso! Você canta muito bem.

– Obrigada, já estamos há um bom tempo na estrada, mas não somos conhecidos.

– Ainda! Porque a sua banda é muito boa.

– Obrigada novamente. Sou muito fã de vocês.

– Agora eu que agradeço a sua gentileza por falar uma coisa tão boa de ouvir. Você disse que não são conhecidos... E como foi uma das bandas que estão tocando aqui?

– Houve um torneio em São Paulo e ficamos em segundo lugar. Mas só o primeiro lugar viria, porém na semana passada recebemos um telefonema perguntando se queríamos participar, porque uma banda não ia poder comparecer. E aqui estamos.

– Que bom! Onde vocês estão hospedados?

– Eu estou hospedada no mesmo hotel que vocês.

– É mesmo? Interessante!

– Vou embora amanhã.

– Quer comer algo? Eu conheço um restaurante bem tranquilo.

Resumindo, ela aceitou e fomos jantar em um restaurante próximo ao hotel.

– Estamos conversando e ainda não sei o seu nome.

– Desculpe, nem me toquei. É Elisabete, mas todos me chamam de Bete.

– Bonito nome, Elisabete.

– Pode me chamar de Bete.

– Ok, Bete. Como começou a cantar?

– Comecei em um pequeno coral de uma igreja com 14 anos. Com 19, comecei a namorar um guitarrista de uma banda. Às vezes cantava uma música com eles. Mas comecei a cantar mesmo com 22 anos em casamentos, barzinhos, pequenos shows até que conheci a Vanessa e seu namorado, Wagner.

– Eu ouvi o apresentador gritar EVW. É o nome da sua banda?

– Isso. No início éramos nós três. A Vanessa no teclado e backing vocal, o Wagner na bateria e eu no violão e vocal. Depois entrou o Alfredo, o Lucas e o Naldo.

– Engraçado! E a banda ficou com o mesmo nome?

– Não ligaram, porque já estávamos colocando, nos cartazes e convites, o nome EVW.

– Entendi. E você está com quantos anos?

– Só vou falar porque você é mais velho do que eu. Tenho 27 e você tem 34.

– Uma das coisas chata da fama é que até a nossa idade as pessoas sabem. – Demos uma bela risada.

– Isso é verdade e até sei que é casado com a Amanda.

– Estou falando! Acho que sabe mais informações da minha vida do que eu.

– Quem sabe! Eu já li muito sobre vocês. Compro todas as revistas de bandas e das vidas dos artistas famosos. Quando o Pedrinho faleceu, fiquei muito triste, porque vocês ainda estavam no início do sucesso.

– Foi uma perda muito grande para nós.

– Imagino. Fale como vocês se conheceram.

– E você não sabe?

– Sem muitos detalhes, mas gostaria de ouvir você contar com os detalhes.

– Tudo bem. Conheci o Bruno quando estava com 18 anos e foi no meu primeiro ano nos bares tocando, no mesmo período que conheci a Amanda. Ele aproximou-se de mim e disse que eu cantava e tocava muito bem. Conversamos um pouco e fiquei sabendo que ele tocava teclado.

– E o Pedrinho?

— Na segunda vez que encontrei o Bruno, ele estava com o Pedrinho e com o Douglas. Conhecemo-nos e me convidaram para vê-los tocar na garagem do Bruno. Fui, gostei e formamos a banda.

— E agora estão fazendo esse sucesso todo.

— Nem tanto. Sabe o que é engraçado?

— O quê?

— Eu fico à vontade conversando com você e parece que já nos conhecemos há muito tempo.

— Deve ser porque eu sempre li sobre vocês.

— Deve ser mesmo. E também acho que você já conhece os detalhes.

— Posso perguntar uma coisa?

— Sem dúvida.

— E você e a Amanda, com esse sucesso todo, como estão?

— Estamos em um momento crítico. Parecia que ela não tinha defeitos. Não enxergava nada que fosse absurdo nela, mas agora eu estou percebendo os defeitos.

— Diga-me um, por exemplo.

— Vou falar alguns: ela quer tudo do jeito dela. Protege mais a tia arrogante do que eu. Está até colocando a culpa de não engravidar em mim e queria que eu ainda estivesse sendo humilhado pela tia dela. Só falei alguns defeitos.

— Ela não pode colocar a culpa de não engravidar em você. Isso é totalmente errado.

Conversamos, conversamos e conversamos. Até que iniciou a conversa dos elogios. Um conselho que eu digo a vocês: se é compromissado, nunca entre no labirinto do elogio com outra pessoa, porque depois não encontrará a saída para abraçar o seu amor sem manchas de traição.

Comigo não foi diferente. Saímos do restaurante e fomos para o meu quarto no hotel. Quando acordei de manhã, percebi a besteira que tinha feito e fiquei pensando na melhor saída possível daquela situação: "será que conto para a Amanda? Será que escondo? Falo que fiquei bêbado e fiz sem me lembrar de nada"? No dia anterior estava com muita raiva dela, mas naquele momento estava com muita raiva de mim. Levantei, peguei as minhas roupas e fui tomar um banho. Lembro-me que liguei o chuveiro e deixei a água gelada cair sobre a minha cabeça e chorei. Chorei muito. A pulsação do meu arrependimento era sentida no meu peito e as lágrimas misturavam-se com a água escorrendo sobre o meu cabelo. Por alguns minutos o tempo passou lentamente e as cores ficaram cinzas, porque, para mim, a luz se apagou, mas não totalmente, pois ainda estava conseguindo pensar. Viver na escuridão não é apenas ruim porque você não enxerga, mas principalmente porque as cores estarão só nas lembranças e serão extinguidas lentamente. Quando passei aquele momento melancolicamente no banheiro do hotel, voltei ao quarto e a surpresa: Elizabete não estava mais na cama. Procurei, chamei e percebi que ela já tinha ido embora. Só fui notar porque a porta estava aberta. Não liguei muito, visto que estava preocupado com outro problema muito pior: como explicar tudo para a Amanda, mas no fundo já tinha escolhido esconder o fato. Deitei na cama novamente e algo espetou-me no pescoço. Quando olhei, era o brinco da Elizabete. De repente alguém bateu na porta.

– Já vou.

– Ruan, você está bem?

– Por quê?

– Recebi um bilhete que você estava com alguém aqui.

– Com alguém?

— Sim! Com uma mulher.

— Com uma mulher? Quem falou isso?

— Não sei! A recepcionista ligou no meu quarto e disse para eu buscar um envelope que uma mulher deixou para mim.

— O que estava escrito?

— Apenas que você estava com uma mulher criminosa no seu quarto.

— Que estranho. Dormi sozinho aqui.

— Leia você mesmo.

Ruan tirou o bilhete de dentro do envelope.

"Bom dia, Bruno! Quero lhe informar que o Ruan dormiu com uma mulher que é criminosa."

— Que estranho! Eu dormi sozinho. E quem é essa mulher que escreveu isso e lhe conhece?

Eu estava afirmando que tinha dormido sozinho e não tinha noção do que era aquilo tudo que estava acontecendo. O sucesso veio de repente e ainda não estava preparado para ele. Eu tinha 30 anos quando começamos a fazer sucesso e acabei com a minha vida apenas em quatro anos. Voltando para o que estava acontecendo, fui à recepção perguntar o número do quarto da Elizabete para deixar o brinco dela.

— Bom dia!

— Bom dia, senhor! O que posso ajudar?

— Qual é o número do quarto da Elizabete, por favor?

— Elizabete? Só um momento!

Enquanto ela estava digitando para procurar o quarto, graças que em 2000 já tínhamos computadores, eu estava pensando quem foi a mulher que deixou aquele bilhete para o Bruno.

– Desculpe, senhor! Mas não tem nenhuma Elizabete hospedada aqui e nem que tenha dado baixa.

– Tem certeza?

– Tenho, sim!

– Outra coisa! Uma mulher veio deixar um envelope para o Bruno. Como ela era?

– Veio, sim! Tinha cabelo comprido preto e era alta.

– Estava com uma blusa vermelha?

– Estava, sim!

A mulher que deixou o envelope era a Elizabete! Mas por que ela ia fazer aquilo? Cheguei em casa com a culpa grudada em mim. Mesmo querendo tirá-la de mim antes de chegar em casa, ela não me largava. Quando eu vi a Amanda me olhando e pedindo perdão pela discussão que tivemos antes da viagem, tive vontade de chorar, mas consegui segurar as lágrimas e dei um beijo nela. Logo depois fui ao banheiro chorar e me lastimar. Os primeiros dias passaram pesados para mim e quando pensei que tudo estava voltando ao normal, aconteceu o que eu temia. Estava no sofá e ela chegou à tarde do trabalho. Achei estranho, porque ela não saía do trabalho às 14h, embora ela fosse a gerente. Falei com ela quando a vi vermelha.

– Amanda, está tudo bem?

– Eu que pergunto, Ruan! Está tudo bem com você?

– Está! Fale o que aconteceu!

– Ruan, você me ama? – Com os olhos mostrando as primeiras gotas de lágrimas se formando, ela me olhava.

– Com toda a minha força, minha Razão.

– Seja sincero, por favor. Você me ama? – Nesse momento as lágrimas já estavam caindo lentamente pelo seu rosto triste.

– O que aconteceu para você perguntar isso, diga-me?

– Diga-me você a verdade. – Nesse momento ela já estava nos primeiros soluços.

Eu estava sem saber o que fazer, porque soube, naquelas palavras que ela já sabia, comecei a chorar.

– Perdoa-me, Amanda. Eu fiquei com uma moça no show que participamos no Rio de Janeiro. Foi uma loucura da minha parte, mas...

Ela, soluçando muito, foi para o quarto e fechou a porta. Há momentos que parece que temos tudo, mas na verdade deixamos o tudo passar e ficamos apenas com a escassez do nosso esforço, dedicação, sonhos realizados e percebemos que falta algo. Bati na porta para falar com ela, mas não abriu. Aquela noite foi a pior da minha vida embora estivesse conquistando tudo o que queria, foi como se eu não tivesse conquistado nada. Passei a noite toda pensando por que não menti e por que não perguntei quem falou aquilo para ela, mas ao mesmo tempo sabia que queria contar e foi um peso, tirado de mim, ter contado aquilo. Pela manhã, ela abriu a porta e saiu com as malas. Eu dei um pulo do sofá.

– Amanda, o que você está fazendo?

Ela não respondeu nada.

– Amanda, vamos conversar, por favor! Quem falou para você?

– Acabou tudo entre nós!

Eu já estava desesperado.

– Por favor, Amanda! Não vá embora, podemos conversar?

– Não tenho nada para conversar com você.

Ela abriu a porta da sala e saiu. Antes que entrasse no carro, segurei-a no braço.

– Amanda, não me deixe!

– Solte-me!

Ela entrou no carro e foi a última vez que a vi consciente. Entrei em casa totalmente acabado. Joguei-me no chão e lamentei a minha situação naquele momento. Depois me levantei, peguei o violão e deitei-me no sofá. Acabei compondo a parte da música "Como o meu coração bate forte" deitado no sofá. Toquei a sequência de acordes.

F#m – C#m – D – E / F#m – C#m – D – E

A9 – E – F#m – D / A9 – E – F#m – D – A

Depois, com uma tristeza profunda tocando esses acordes, a letra surgiu como um desabafo interior.

F#m   C#m   D   E   F#m   C#m   D   E

Mas sei que eu errei com você, minha Razão. Fui tão infiel que perdi o seu amor.

A9   E   F#m   D

Que ilusão! Louca paixão! Fui perder o seu coração!

A9   E   F#m   D

Louca paixão! Que ilusão! Fui perder o seu coração!

A   D   Bm   E   A

O seu coração! O seu coração! O seu coração eu fui perder! O seu coração!

Vamos cantá-la.

Como a chuva me molha. Quero que você me ame.

Como o meu coração bate forte ao vê-la vindo em minha direção dizendo, meu Amor.

Mas sei que eu errei com você, minha Razão. Fui tão infiel que perdi o seu amor.

Que ilusão! Louca paixão! Fui perder o seu coração!

Louca paixão! Que ilusão! Fui perder o seu coração!

Como a chuva me molha. Quero que você me ame.

 Como o meu coração bate forte ao vê-la vindo em minha direção dizendo, meu Amor.

 Mas sei que eu errei com você, minha Razão. Fui tão infiel que perdi o seu amor.

Que ilusão! Louca paixão! Fui perder o seu coração!

Louca paixão! Que ilusão! Fui perder o seu coração!

O seu coração! O seu coração! O seu coração eu fui perder! O seu coração!

Desculpe-me, pessoal! Quando eu toco essa música, sinto-me como se estivesse voltado àquele dia no sofá sem saber o que fazer. Tenho que mencionar também o fato que quando estava compondo essa música, pela primeira vez, levei a primeira parte pronta ao ensaio, mas não conseguimos compor a continuação. Hoje eu percebo que tinha que escrever no momento de extrema angústia para aguentar toda aquela tristeza. Na música da nossa vida, há a parte de alegria e a parte de tristeza, mas escolhemos se cantaremos e dançaremos sozinhos ou acompanhados. Voltando ao que sentia naqueles dias, eu achava que ela voltaria no mesmo dia, mas passou uma semana e nenhuma notícia dela. Eu sabia que ela estava na casa da sua tia, entretanto não tinha coragem para ligar. Durante a semana que passou, não fui aos ensaios, entrevistas nem renovar alguns contratos. Todas as pessoas que iam falar ou ligavam, inclusive o Bruno, não conseguiam falar comigo. Depois comecei a me perguntar: "quem contou aquilo para a Amanda"? Liguei para algumas pessoas conhecidas do Rio de Janeiro e de outros lugares para perguntar sobre a Elizabete, mas ninguém sabia. Tive a ideia de entrar em contato com o organizador do show que fizemos no Rio, porém ele informou que alguém pagou um bom dinheiro para encaixar a banda da Elizabete. Parecia uma banda fantasma. Quando não consegui encontrar a vocalista fantasma, pensei: "e se foi o Bruno que falou"?. A minha raiva caiu em cima dele. Depois de três semanas sem abrir a porta para ninguém, o Bruno entrou.

– O que está acontecendo com você, Ruan?

— Você já deve saber que a Amanda me deixou. Não sei como, mas alguns programas já estão mencionando isso.

— Sim, eu sei! Mas por quê?

— Agora eu lhe pergunto, Bruno: como a Amanda ficou sabendo que a traí e até esses programas de fofocas estão falando isso? Diga-me!

— Você estava com uma mulher naquele quarto, Ruan? Eu não acredito!

— Bruno, você acha que me engana? Você me viu com aquela vocalista.

— Eu não imaginava que você fosse dormir com ela! O que você fez, irmão?

Nesse momento, dei um soco de direita que acertou em cheio o lado esquerdo do rosto dele. Não senti pena, apenas fúria, ódio, rancor. Não sabia que quando não admitimos o erro e não perdoamos, a intensidade de sentimentos ruins será o processo natural que iremos sentir. Ele não me revidou, somente olhou para mim, balançou a cabeça e saiu tranquilamente. Aquilo foi uma afronta, porque queria que ele viesse para cima e uníssemos o nosso ódio com palavras de ira, socos; mas ele foi mais corajoso do que eu, pois teve domínio próprio. Eu estava desconhecido e arruinado. Perdi a mulher que amava e o meu melhor amigo. Ambos conheci quando eu tinha 18 anos e os perdi com 34 anos. A banda acabou por esse motivo e nunca mais o Bruno e eu tivemos a amizade de antes. É mais fácil entrarmos em uma cidade fortificada do que restabelecer uma amizade novamente. Depois disso, entrei em uma crise de depressão. A depressão tem o poder de tirar a emoção, a força, a adrenalina e o sentimento mais precioso e que devemos guardar: a esperança. Eu não enxergava mais as cores, ou seja, para mim, nada tinha mais graça, mais dinamismo e não conseguia disposição para fazer nada. Até as lágrimas foram embora e não conseguia mais chorar, apenas gemer intimamente e lamentar por tudo o que tinha feito. Eu lembro-me de algo que a dona Rute falou uma vez para mim. Ela estava costurando e eu estava olhando aquela máquina trabalhar rapidamente. Ela me disse: "Filho, venha ver este vestido. Percebeu como ele é lindo? Mas vou ter que descosturá-lo e costurar novamente". Eu, sem entender, perguntei qual era o motivo daquilo e ela virou uma parte e me mostrou um pedaço da costura torta. "Um pedaço de costura torta acaba com a beleza de todo o vestido." Não conquiste a sua esposa todos os dias, isso será uma costura torta. Não dê tempo aos filhos, isso será uma costura torta. Eu passei dois meses de pura aflição até que o telefone tocou. Naqueles dias o telefone tocava diariamente e me irritava demais, mas só o deixava ligado por causa da Amanda. Tocou e não fui atender. Tocou novamente, peguei o telefone pronto para praguejar e quando disse "Alô" uma voz suave me acalmou.

– Oi, Ruan!

Aquele "Oi, Ruan" foi como gotas de água caindo na língua de um moribundo no deserto.

– Amanda, esperava ansiosamente por ouvir a sua voz.

– Quero que você saiba que não acabou. Só quero dar um tempo para eu me recuperar e deixá-lo pensar no que fez.

– Eu, todos os dias, estou loucamente pensando no que fiz. Perdoa-me, por favor!

– Já lhe perdoei, Ruan. Quero que você se recupere e volte a tocar e cantar. Desse jeito eu me recupero mais rápido, e também quero dizer que tenho uma novidade para lhe contar.

– Novidade?

– Sim! Vamos esperar mais um tempo e contarei a você. Eu ainda amo você, Ruan!

– Minha Razão, eu sempre a amarei! Quando vai voltar?

– Vamos esperar mais um pouco.

A coisa mais preciosa que você pode falar a alguém é "amo você misturado com sinceridade e atitude". Depois dessa conversa, as cores surgiram diante dos meus olhos, parece que estava cego e voltei a enxergar. Senti o perdão e o amor dela por mim, e eu não merecia mais nada do que rejeição e desprezo. Passado um tempo, fiquei sabendo que foi o Bruno que ligou para ela dizendo sobre a minha calamidade. A única coisa que ela fez foi chorar, fiquei sabendo disso mais tarde, pelo próprio Bruno. Alguns dias depois do telefonema da Amanda, entrei em contato com ele para pedir perdão pelo que fiz; ele me perdoou, mas não quis mais tocar. Educadamente disse que queria ser empresário. Entrei em contato com o Douglas, porém disse que ia morar em outro país. Enfim, a banda acabou, como já tinha dito. Fiquei sozinho, entretanto entrei em contato com o Sidney, da gravadora, e ao mesmo tempo meu empresário, e passei a música que queria gravar. Acabei gravando a música "Como o meu coração bate forte", e foi um grande sucesso. Vamos cantá-la novamente?

Como a chuva me molha. Quero que você me ame.

Como o meu coração bate forte ao vê-la vindo em minha direção dizendo, meu Amor.

Mas sei que eu errei com você, minha Razão. Fui tão infiel que perdi o seu amor.

Que ilusão! Louca paixão! Fui perder o seu coração!

Louca paixão! Que ilusão! Fui perder o seu coração!

Como a chuva me molha. Quero que você me ame.

Como o meu coração bate forte ao vê-la vindo em minha direção dizendo, meu Amor.

Mas sei que eu errei com você, minha Razão. Fui tão infiel que perdi o seu amor.

Que ilusão! Louca paixão! Fui perder o seu coração!

Louca paixão! Que ilusão! Fui perder o seu coração!

O seu coração! O seu coração! O seu coração eu fui perder! O seu coração!

Obrigado a todos, mas vou continuar! Eu recebia várias cartas de fãs me apoiando e outras de puro ódio por eu ter traído a minha esposa. Esse é um lado que as pessoas entram em sua vida e não sabem o que está passando com você e falam mal, difamam mesmo sem nunca ter conhecido você. Passei por isso e é triste! Estava aguardando a Amanda voltar e depois de alguns meses ela ligou.

– Oi, Ruan.

– Oi, Amanda! Que saudade!

– Também estou. Amanhã de manhã estarei voltando para casa.

Eu chorei quando ouvi isso, porque já tinham passado vários meses.

– Que bom, minha Razão. O que você quer comer?

– Quero apenas lhe dar vários beijos.

Quando paramos de conversar, eu pulei, dancei, gritei e ia de um lado para outro. Até que sentei no sofá e chorei muito. Senti uma tristeza muito grande invadir o meu coração e não sabia o que era. Pensei: "são só algumas horas de carro e logo estará aqui".

4

A DOR MUDA A CONCEPÇÃO SOBRE A VIDA

PARTE 1

O que é a vida para nós? Um momento de animação que depois acaba? Um pote com vários sentimentos transbordando ódio e amor? Será que os momentos de diversão e felicidade são o auge? O poder é o grande fascínio da humanidade e será que não é a resposta? Mas tudo se esgota quando a dor entra em ação. É como aquele soldado que perde a perna na guerra e suplica ao seu amigo de farda para lhe tirar a vida, porque não quer sentir mais dor ou as suas consequências. A dor muda a sua concepção sobre a vida. Aquilo que você achava que era importante, a dor mostra que não tinha nenhum valor e foi apenas perda de tempo. Um leproso perde a sensibilidade da dor e arranca os dedos sem perceber. A dor do sofrimento, da perda, da angústia, da traição e muito mais são apenas um sussurro para mostrar que não deveria ter sofrimento, nem perda, nem angústia, nem traição e muito mais. A dor mais culminante que senti, encontra-se neste período da minha vida que vou contar agora, que começou em 11 de março do ano de 2001 às 13h.

– Alô! Sou o Ruan.

– Sr. Ruan, sou o Sargento Frederico da Polícia Rodoviária Federal. Quero lhe informar que a sua esposa, a Sra. Amanda Sala da Conceição Arruda, sofreu um acidente de trânsito e foi encaminhada para o hospital Evangélico de Curitiba.

Levei um susto que me deixou aparentemente calmo, mas foi o choque daquela notícia.

– Minha esposa? Tem certeza?

– O Sr. poderá se informar melhor no hospital.

– Obrigado, Sargento!

Eu perdi a noção das coisas. Fiquei meio lerdo e liguei para o Bruno.

– Bruno, um policial ligou para mim falando que a Amanda sofreu um acidente e foi encaminhada ao hospital.

– A Amanda? Qual hospital?

– O Evangélico!

– Vamos lá! Espere-me!

Há pessoas que iam chorar, outras iriam gritar, outras iriam sair correndo ao hospital, mas eu fiquei em choque. Nunca conheci meus pais verdadeiros, portanto não sei se estão vivos ou mortos. O seu Alberto foi trabalhar e nunca mais voltou. A dona Rute faleceu enquanto eu estava na escola e só fui saber, pelos vizinhos, quando cheguei em casa. O Pedrinho bateu o carro e pegou fogo. O choque que aprendi a ter era ficar sem saber o que fazer até realmente cair a ficha. O Bruno finalmente chegou e fomos ao hospital. Chegando lá, o drama começou, porque as pessoas me conheceram e começaram a cochichar com semblantes de tristeza.

– Por favor, queremos saber se a Amanda Sala da Conceição Arruda está neste hospital.

– Sr. Ruan, ela está sendo operada.

Nesse momento, o Bruno quis me tranquilizar dizendo que foi engano. Mas a enfermeira confirmou que era a Amanda, minha esposa.

– Já estávamos lhe esperando, Sr. Ruan. O Sr. pode se dirigir a sala de espera que, em breve, o doutor Luiz Fernando, que está liderando a equipe, irá passar os detalhes.

Fomos à sala de espera, por incrível que pareça estava vazia, e fui caindo na realidade lentamente. Queria ficar na estabilidade da irracionalidade, mas a racionalidade veio à tona. Enfim, o choro brotou e comecei a soluçar.

– Não acredito que é a Amanda. O que ela fez para merecer isso?

– Fique tranquilo, Ruan. Vai dar tudo certo.

– Na verdade a culpa foi minha.

– Não fale isso. Você não tem controle sobre o destino.

– Se eu não tivesse a traído, esse acidente não teria acontecido.

As lágrimas transbordavam do fundo da minha existência e por tudo que é sagrado: queria estar no lugar dela. A dor da culpa é tão forte que pode prender-lhe por toda a sua vida e eu já estava sentido as correntes dela me prendendo. O que é pior do que perder aquilo que você mais ama? Poderia ter levado todo o meu dinheiro, minha casa, meus bens temporais, mas tocou naquilo que não tinha poder para recuperar e deixava tudo o que eu tinha sem valor. Passadas quatro horas de pura agonia, um médico veio em nossa direção. Só não entendi o porquê do Bruno ter ido ao encontro do médico e ter cochichado algo que foi respondido da mesma forma.

– Sr. Ruan, sou o Dr. Luiz Fernando. Quero lhe informar que não conseguimos manter a paciente Sra. Amélia Sala Ferreira da Silva com vida. Os ferimentos...

Eu levei um susto quando ouvi aquele nome e interrompi.

– A dona Amélia?

– Isso, Sr. Ruan. Ela era um dos que estavam no carro. A paciente Sra. Amanda Sala da Conceição Arruda ainda está sendo operada, porque teve uma hemorragia cerebral. Minha equipe está fazendo o possível para estancar o sangue.

"A dona Amélia estava no carro e morreu? E por que o doutor disse: um dos?" Essas eram as perguntas que eu estava me fazendo depois que o médico nos deixou ali totalmente desamparados. Lembro-me que estava na sala de espera caminhando de um lado para o outro com as mãos na cabeça.

MESES ANTES DO ACIDENTE

Quero fazer uma pausa para contar sobre o acidente, para que vocês entendam melhor o que aconteceu. Eu fui buscar os detalhes com os funcionários que trabalhavam na casa da dona Amélia e o Bruno contou-me sobre o telefonema. Esses fatos ocorreram.

– O que foi, minha filha? O que aconteceu?

– Tia, o Ruan me traiu.

A dona Amélia falou asperamente com a Margarete.

– Não fique aí olhando. Vá pegar um copo de água e um calmante.

– Tia, não fale assim com ela.

– Você tem um coração muito mole, Amanda. E eu sabia que aquele homem não era para você.

– Tia, não sei o que faço.

— Filha, você nasceu para bilhar e aquele homem ofusca o seu brilho. Não é porque ele está famoso que tem sucesso. Isso logo passará e você terá que o sustentar.

— O que eu faço?

— Peça o divórcio.

Disseram-me que ela não parava de chorar e um mês depois que ela saiu de casa, alguém ligou.

— Bom dia! Quem está falando?

— Bom dia! Margarete.

— Margarete, a Amanda está?

— Quem deseja?

— Fale para ela que é o Bruno.

Todos os funcionários da casa tinham ordem para desligar se eu ligasse.

— Já vou chamá-la.

— Oi, Bruno. Tudo bem?

— Amanda, que bom falar com você. Estou bem e você?

— Não estou muito bem. Muito indecisa e essas notícias que estão passando na televisão me deixam mal.

— Verdade! Liguei para falar que fui visitar o Ruan.

— Como ele está?

— Nada bem. Não deixa ninguém entrar na casa e não quer fazer mais nada. Está muito nervoso.

Ela começou a chorar.

— Por que tudo isso está acontecendo, Bruno?

— Eu sei que é difícil, Amanda, mas veja bem o que você vai fazer.

— Minha tia quer que eu peça o divórcio.

— E o que vai fazer?

– Não paro de pensar no Ruan.

– Não faça o que as pessoas querem, mas o que o seu coração diz. Pense no seu melhor. O Ruan a ama demais.

Ela não parava de chorar.

– Eu também, Bruno.

– Deixe o orgulho de lado e recomece. Vocês são felizes juntos.

– Bruno, tenho que falar uma coisa.

– O quê?

– Estou grávida.

– Grávida?

– Isso. Ainda não contei para minha tia e não sei se vou contar. Mas não conte para o Ruan.

– Fique tranquila. Mas ele vai ficar muito feliz quando souber.

– Eu sei. Estávamos há alguns anos tentando.

– Essa criança é o símbolo da esperança recomeçando para vocês.

– Obrigada, Bruno. Mas a minha tia está vindo e vou desligar.

– Tudo bem! Pense no que eu disse.

– Vou pensar.

A dona Amélia se aproximou.

– Por que está chorando?

– Um amigo me ligou e falou que o Ruan está mal.

– O que você tem a ver com isso?

– Tia, você precisa amar mais. Sentir mais o amor das pessoas.

– E você acha que não amo? Tudo o que conquistei foi porque amo viver. Não preciso ser simpática nem estar com um sorriso no rosto para mostrar que amo. Isso está na atitude.

– E qual é a sua atitude?

– Pergunte para você mesma, minha filha. Tenho um conselho para você: viaje para esfriar a cabeça.

Os dias passaram e um certo dia a Amanda pegou o telefone e ligou.

"Por que será que ele não atendeu? Vou tentar só mais essa vez."

– Alô!

– Oi, Ruan!

– Amanda, esperava ansiosamente por ouvir a sua voz.

– Quero que você saiba que não acabou. Só quero dar um tempo para eu me recuperar e deixá-lo pensar no que fez.

– Eu, todos os dias, estou loucamente pensando no que fiz. Perdoa-me, por favor!

– Já lhe perdoei, Ruan. Quero que você se recupere e volte a tocar e cantar. Desse jeito eu me recupero mais rápido e também quero dizer que tenho uma novidade para lhe contar.

– Novidade?

– Sim! Vamos esperar mais um tempo e contarei a você. Eu ainda amo você, Ruan!

– Minha Razão, eu sempre a amarei! Quando vai voltar?

– Vamos esperar mais um pouco.

As lágrimas caíam rapidamente pelo rosto da Amanda. Quem me disse isso foi a Margarete.

– Margarete, pode me trazer um copo de suco de maracujá, por favor? E vou pedir outra coisa: peço para não falar nada para minha tia.

– Não falarei absolutamente nada, Amanda.

Os dias passaram e a música "Como o meu coração bate forte" já estava sendo tocada nas rádios.

– Joana, pode aumentar um pouco o som?

– Claro, Amanda.

Para ficar mais claro, a Margarete era uma das que deixava a casa um brinco e a Joana, a cozinheira.

– Ruan, Ruan! Gravou a música.

– Essa música é muito bonita.

– Verdade, Joana. E tem uma frase que eu disse.

Desculpem-me aqueles que não gostam de detalhes, mas vou contar o que a Joana me falou.

"A Amanda se sentou e pegou a garrafa de café que estava em cima da mesa. Logo dei um copo para ela. Enquanto a música estava tocando, ela parecia que estava com o pensamento longe. Com os seus cachos loiros caindo sobre os olhos, ela estava bebendo sem falar uma única palavra. Quando a música terminou, ela me perguntou:

– Joana, você já amou alguém tão forte que não sabe explicar?

– Já amei, Amanda.

– Eu não sei explicar, Joana. Eu amo demais o Ruan.

– Isso é bom ou ruim?

– Eu queria saber a resposta. Eu me sinto sem força longe do amor dele. Mas ele me traiu e estou lutando para parar de pensar nele, mas venho à cozinha e está tocando uma música que eu ajudei a compor. Mesmo sendo uma única frase.

– Você falou que fica sem força, lembrei-me de uma história que meu avô me contou.

— Quero ouvi-la. Pode contar?

— Claro! Ele me disse:

Há muito tempo, meu pai me explicou algo muito interessante que vou passar para você. Ele me deu uma semente para plantar e disse: 'você não sabe ainda o nome da semente e só vai saber quando a árvore estiver grande, portanto você vai conhecê-la pelo fruto que ela der'. Eu plantei muito alegre aquela sementinha na terra, passaram seis meses e meu pai me chamou para irmos ver como estava o crescimento da semente. Chegando lá, fiquei impressionado, porque já tinha uma muda linda, dava até para ver as folhinhas pequeninas se mexendo alegremente, então meu pai me disse: 'Roberto, arranque essa muda'. No momento não entendi nada e pensei que meu pai estava brincando e ele me disse novamente: 'Roberto, arranque essa muda'. Eu obedeci, arranquei a muda e notei que a raiz já estava um pouco grande e ele me disse: 'Roberto, pegue a muda e vamos para a casa'. Eu pensei que ele ia me dizer o nome da semente ou plantar na terra ao lado de casa, mas deixou no chão sem plantar. No outro dia, meu pai me chamou para ver como estava a muda e quando olhei para ela, nem a reconheci, porque estava seca e amarela, então meu pai me abraçou e disse calmamente: 'Roberto, você viu que nós fizemos uma aliança entre a semente e a terra, tudo estava normal até que nós quebramos a aliança no momento que você a arrancou; agora veja o que acontece quando alguma aliança quebrada'.

— Essa história é muito interessante, Joana. Quem sabe um dia eu conte para o Ruan.

— Conte mesmo, Amanda."

Aproximadamente três meses se passaram desde o contato que ela fez comigo e a decisão definitiva foi tomada.

– Tia, preciso falar com a senhora.

– Se é sobre voltar ao trabalho, já falei que aquela loja é sua.

– Não é isso, tia. É outra coisa.

– O que é?

– Vou me reconciliar com o Ruan.

– Como? Amanda, você está sem juízo?

– Se a senhora acha isso sem juízo, então estou.

– Vai jogar a sua vida fora? Ele a traiu e vai trair novamente.

– Tia, o amor passa por barreiras com o impulso do perdão. Eu sei que ele me traiu, mas quero enfrentar isso com ele. Uma aliança que caiu no chão pode ser colocada novamente no dedo se a encontrarmos. E escolho procurá-la com o Ruan.

– Filha, mas por que você está fazendo isso?

– Estou grávida!

A Margarete estava limpando a porta de vidro do lado de dentro da sala e inesperadamente olhou para trás. Palavras dela: "O rosto da dona Amélia ficou pálido na mesma hora. Parecia que ia infartar".

– Tia, está tudo bem?

– Amanda, o meu sonho, de você se casar com outro homem que prosseguiria com tudo o que tenho, desvaneceu-se. Agora resta levá-la de volta para a sua vida. Você está de quantos meses?

– Tia, não comece com isso. Estou de seis meses.

– E onde está essa barriga que não aparece?

– Estou usando uma cinta para que a senhora não percebesse.

No oitavo mês de gravidez houve o último contato.

– Oi, Ruan.

– Oi, Amanda! Que saudade!

– Também estou. Amanhã de manhã estarei voltando para casa.

– Que bom, minha Razão. O que você quer comer?

– Quero apenas lhe dar vários beijos.

– E vai me dar.

Infelizmente foi uma conversa rápida e a tia dela ainda estava inconformada.

– Você vai, mas vou levá-la.

– Não precisa, tia.

– Por favor, Amanda, você sabe que vou e acabou.

– Tudo bem, mas não precisa.

A Joana me disse que as palavras da dona Amélia antes de sair foram: "Cuide bem da minha cozinha! Você é paga para isso"!

Porém a Amanda deu um abraço forte na Joana, na Margarete e na Meire. Esta era irmã da Margarete e também trabalhava na casa.

– Vamos neste carro. Pode entrar porque eu vou dirigir.

– Mas e o meu?

– Este é um presente para você. Semana que vem vou pedir para o Germano me buscar.

O Germano era o motorista da dona Amélia. As últimas palavras da Amanda antes de ir embora, disseram-me a Margarete e a Joana, foram:

"Em breve vou trazer o Joãozinho para deixar o cabelo de vocês em pé." Depois disso só tenho o laudo do acidente.

O ACIDENTE

"Na BR 277, um caminhão colidiu com um carro Audi A6. Ainda não se sabe o que ocorreu de fato, mas testemunhas afirmam que o caminhão estava fazendo ultrapassagens perigosas. O carro estava indo de Cascavel para Curitiba com duas mulheres, uma estando grávida. Foram levadas ao hospital Evangélico de Curitiba em estado grave. Já o motorista do caminhão sofreu ferimentos leves e foi levado ao hospital para realizar exames e depois terá que responder as acusações."

Essa foi uma pequena notícia que li em um jornal. Posteriormente consegui de fato saber o que realmente aconteceu. Mais ou menos uma hora antes do acidente, começou a chover e a pista estava escorregadia. O caminhão fez ultrapassagens permitidas, mas muito imprudentes naquela situação, e quando foi passar pelo carro da minha esposa, a dona Amélia perdeu o controle e foi para frente do caminhão. Com a batida extremamente forte do lado da dona Amélia, o carro virou e saiu sendo arrastado pelo caminhão. Ela sofreu traumatismo craniano, fraturou a coluna e quebrou várias partes do corpo. Indo com vida para o hospital, mas vindo a falecer algumas horas depois.

5

A DOR MUDA A CONCEPÇÃO SOBRE A VIDA

PARTE 2

Eu estava em um colapso emocional. As dores internas da alma afugentavam-me de tudo o que achava digno de compreensão. Sentei-me na poltrona tentando não me desesperar, até que o Bruno se sentou ao meu lado.

– Ruan, preciso falar algo com você.

Eu não queria ninguém tentando me consolar, mas já informei que a amizade com o Bruno não era a mesma. Por respeito a ele, ouvi.

– Pode falar, Bruno. Mas antes quero agradecer por tudo o que você está fazendo neste momento difícil.

– Pode contar comigo, Ruan.

Ele não sabia como começar a me contar.

– Bruno, pode falar.

– Vamos lá. Eu liguei para a Amanda depois que fui lhe visitar e logo me perguntou como você estava e falei que estava muito mal. Ela não parava de chorar e me disse que estava muito indecisa com relação a vocês. De repente ela falou algo que me pediu para não lhe contar.

– O que foi?

– Ela está grávida.

Naquela situação que ela estava, ouvir o Bruno falar aquilo, entrou na relação das grandes catástrofes: "Holocausto, Bomba de Hiroshima e Amanda Grávida". Claro que há várias catástrofes mundiais, mas fui entender naquela hora que existem as mundiais e as individuais. As duas gritam desesperadamente por justiça, por mudança, por ajuda, por esperança. Um pai e uma mãe que perdem o seu filho em um acidente é uma catástrofe individual com o mesmo valor de tristeza, à existência, da outra. Todos nós temos as nossas e devemos lutar e ter esperança de, um dia, a justiça pairar sobre toda a criação. Naquele momento desabei e fui entender o porquê do Bruno ter cochichado ao ouvido do médico.

– Ruan, perguntei ao médico se o bebê está com vida e ele me disse que está bem, apenas pedi para ele deixar eu lhe contar.

Fiz um grande esforço para conter as lágrimas, mas não consegui. Lembro-me do Bruno se levantar, sair da sala e voltar com um copo de água e um calmante. Peguei só o copo de água e tomei misturada com as lágrimas que estavam nos meus lábios. Depois levantei e fui ao banheiro lavar meu rosto. Olhei o espelho e vi um homem com os olhos vermelhos de tanto chorar, com um olhar desanimado e triste, e perguntei a ele:

– O que você fez com a sua vida, Ruan? Estava tudo bem e você arruinou com tudo! Agora quem você é?

Alguém bateu na porta.

– Já estou saindo.

– É o Bruno. Só vim ver se está tudo bem.

– Pode ir lá, Bruno. Daqui a pouco já vou.

Continuei olhando para o espelho e conversando comigo mesmo, o único que poderia me responder por que eu causei tudo aquilo. Quando voltei à sala, o médico estava conversando com o Bruno e logo se virou para mim.

– Sr. Ruan, tenho que lhe passar algumas informações importantes sobre a paciente Amanda Sala da Conceição Arruda, sua esposa, que está em coma. Fizemos alguns procedimentos importantes e necessários para que ela e o bebê continuassem com vida. Queremos lhe dar o diagnóstico e saber a sua opinião do que vamos realizar daqui para frente. A paciente sofreu uma pancada na cervical que vai prejudicar os movimentos. Ela fraturou quatro partes importantes da perna esquerda: fêmur, rótula, tíbia e perônio. A perna dela foi espremida e há grande chance de ser amputada. Ela também teve uma fratura na cabeça que fez uma pequena hemorragia no lado direito do cérebro, por isso tivemos que operá-la de imediato. Referente ao bebê, ele está com o BCF dentro da normalidade e queremos passar os detalhes e risco do parto que iremos fazer.

– Doutor, o que é BCF?

– Desculpe, são os batimentos cardíacos fetais.

– Qual é o risco, doutor?

– Como já falei, a cervical da paciente, Amanda, está comprometida e como a gestação está entrando na 35.ª semana, o bebê não está a termo, ou seja, ele está sem o peso e a saúde ideal. Vamos ter que tirá-lo prematuro e o risco tanto para ele como para a paciente, Amanda, são grandes, mais para ela. O que o Sr. acha?

– Faça o necessário para salvar os dois, doutor.

– Outra coisa, Sr. Ruan. Foi um milagre o bebê está com vida depois daquele acidente terrível. Provavelmente a fratura que a sua esposa teve na cabeça foi tentando proteger o bebê.

– Com certeza, doutor. Ela morreria por ele.

Estou vendo vários casais aqui e quero que vocês saiam com um pensamento para cultivá-lo todos os dias. Esteja ao lado dessa pessoa que você ama como se fosse a última vez que a visse. Desfrute de cada momento como se fosse o último, abrace, beije, sinta o amor, ame, chore junto, ajude a conquistar os sonhos dela. Quando você não estiver mais com ela, sentirá uma paz quando se lembrar desses momentos e que desfrutou o amor ao lado dela.

Avisaram-me que, ao lado de fora do hospital, tinha um grande número de fãs dando apoio e alguns repórteres querendo entrevistas. Até que fiquei ciente que duas mulheres e um rapaz estavam querendo falar comigo: a Margarete, com seu filho, e a Joana. Pedi para deixá-los entrar, vieram ao meu encontro, abraçamo-nos e choramos muito. Já estavam sabendo que a dona Amélia tinha falecido e que a Amanda estava em coma. Foi nessa conversa inicial que fiquei sabendo o nome do bebê. Provavelmente a Amanda já sabia que era menino e escolheu este nome: João. Conversamos muito e me incentivaram bastante. Eu gostava muito delas, ou melhor, eu gosto, porque a primeira vez que fui à casa da dona Amélia, elas foram extremamente simpáticas comigo e eu estava no tempo das vacas magras. Vocês notarão a sinceridade das pessoas quando lhes tratarem da mesma forma ao lhes verem no primeiro degrau e quando estiverem no último. Essas, vocês devem guardar mais seguro do que ouro. Alguns podem falar que foram simpáticas comigo porque trabalhavam na casa da tia da minha esposa, mas o real motivo é que amavam muito a Amanda e fui amado por elas também. Duas horas depois, elas foram para o hotel que iam se hospedar e o Bruno continuou ali, apoiando-me. O doutor entrou na sala e nos explicou detalhadamente o motivo pelo qual o parto seria difícil. A cervical da Amanda estava comprometida e a cesárea, mesmo sendo o procedimento ideal para o caso dela, era muito arriscada. Explicou também sobre a anestesia e fiquei a um passo de não ter mais esperança. O Sidney apareceu para me dar apoio e alguns músicos parceiros também chegaram para me consolar. Enquanto tudo acontecia, a empresa de assistência funeral já estava agilizando as papeladas da cerimônia e funeral da dona Amélia. O corpo dela ia ser levado a Cascavel, para ser enterrada no Cemitério Central.

Fiquei naquela sala juntamente com meus parceiros de profissão me dando grande apoio. O que é interessante: parecia que eu estava sozinho. Minha esposa e meu filho estavam em algum quarto da UTI passando por sérios problemas e a solidão estava sussurrando em meu ouvido as palavras: "Você está sozinho neste momento. Mesmo você tendo vários parceiros e fãs, eu sou sua única amiga". Alguém disse que não podemos impedir que pássaros voem sobre as nossas cabeças, mas podemos impedi-los que façam ninhos em nossas cabeças. Há frases que caem como luvas em nossas mãos para usá-las e essa é uma delas. A força inicial e principal vem da mente, por exemplo, se você tem certeza que é fraco, naturalmente será fraco, porque as informações que passam pelos seus neurônios serão apenas de fraqueza. Pedi licença a todos que estavam na sala e fui direto me libertar daqueles sussurros infernais que estavam me assolando por dentro. Peguei uma carona com um funcionário do hospital para não chamar muita atenção e fui encontrar-me com alguém. Quando a vi, abri os braços, abracei e chorei com um acúmulo de desespero.

– Margarete, não posso lidar com tudo isso.

Ela não falou definitivamente nada. Apenas unimos as nossas lágrimas. Literalmente, ela me consolou com as lágrimas que caíam lentamente de seus olhos. Fiquei no hotel com eles por mais ou menos uma hora, ouvindo as histórias da infância da Amanda. Ri, chorei, emocionei-me com algumas histórias que não fazia ideia que existiam. Naquele momento, conheci mais um pouquinho da mulher que amava e nunca imaginei que poderia me alegrar diante daquela situação difícil. Outra coisa que aprendi ali, conversando com a Margarete e com a Joana. Muitas vezes olhamos as pessoas superficialmente, funcionárias e funcionários, clientes, chefes, fãs, mas conheci a "pessoa" que elas eram. Elas eram mães, esposas, tinham sentimentos incríveis e verdadeiros e eu nunca tinha entrado nessa linha de pensamento sobre ninguém.

Cada vez que conheço mais os meus fãs, mais sucesso eu terei, porque eles que me dão o sucesso. Farei tudo com mais paixão e determinação. Se uma empresa conhece os seus clientes, atuará e crescerá abundantemente no mercado que atuarem, a Amanda sempre falava isso. As informações são como veias, porém têm que ser ligadas a outras pessoas para que o coração bata com um ritmo agradável e com saúde.

Peguei o boné do filho da Margarete, chamei um táxi e voltei ao hospital. Consegui entrar sem ninguém me notar.

– Como foi lá, Ruan?

– Você nem imagina como foi bom para mim, Bruno. Agora tenho que falar com a imprensa e com os meus fãs que estão me apoiando e torcendo por mim. Isso já era 02h30min.

Informei à imprensa que ia falar e dei a entrevista.

– Ruan, você vai continuar cantando ou vai dar um tempo?

– Amanda sempre quis que eu tocasse e cantasse e por isso vou continuar. Mas mesmo assim é muito difícil prosseguir sem ela me apoiando.

— Sei que é um momento complicado para lhe fazer esta pergunta, mas como jornalista tenho que fazer. Você continua o caso com a mulher que fez a sua esposa sair de casa?

— Você pode ser jornalista, mas tem que ter respeito pelas pessoas. Não é porque estou com vontade de ir ao banheiro que vou invadir a sua casa com a desculpa que não poderia segurar. Falhei loucamente, mas foi uma única vez.

Você pode acertar nove vezes, porém vão esperar você errar uma vez para jogarem pedras. Tentei responder todas as perguntas com tranquilidade. Depois fui para fora do hospital e fiquei surpreso com o carinho das pessoas por mim. Uma senhora me abraçou e me deu um crucifixo dizendo que estava rezando por mim. Meus parceiros músicos falaram para eu não fazer aquilo, mas todos respeitaram o momento que eu estava passando e não me sufocaram. As pessoas iam chegando, abraçando-me e dizendo palavras encorajadoras. Cada abraço era como vitamina à minha alma e isso já era de madrugada. Entrei animado para ouvir o doutor falar:

— Ruan, faremos a operação às 06h. Se você acredita em alguma coisa, coloque toda a sua fé nela.

— Acredito somente no que vejo, doutor. Mas se for para dar certo, dará!

Eu estava bem confortável naquele momento. O pessoal foi embora e o Bruno saiu logo depois do doutor ter falado sobre a operação.

— Vou descansar um pouco no carro, mas às 06h estarei aqui.

— Obrigado, Bruno.

Passei aquelas horas que restavam viajando pelo tempo, pelas imagens, pelas conversas, pelos acontecimentos, lembrando-me dos sorrisos maravilhosos da Amanda, enfim, estava na outra dimensão que o amor nos faz viver e sentir. De repente percebi um abismo ao lado desse magnífico mundo ao lado dela, o medo de perdê-la. Minha respiração ficou sufocada e me levantei. A tranquilidade acabou e fiquei desesperado. Nesse momento o sussurro da solidão surgiu no meu interior. Coloquei as mãos nos bolsos da calça enquanto estava caminhando na sala, de um lado para o outro, e toquei em algo. Eu tirei e vi o crucifixo que a senhora tinha me dado. Eu não acreditava nestas coisas: Deus, cruz, rezar, mas sempre pensei na morte sendo abstrata, porém ao mesmo tempo concreta. Viver e morrer é algo que nos diz alguma coisa que não podemos entender racionalmente. Peguei aquele crucifixo e lembrei-me das palavras daquela senhora: "Estou rezando por você"! Nunca tinha feito uma promessa na minha vida, mas naquela noite fiz uma segurando o crucifixo bem forte.

– Não acredito em nada sobrenatural, mas se minha esposa e meu filho sobreviverem, vou acreditar naquele para quem aquela senhora vai rezar.

Coloquei o crucifixo no bolso e já eram 05h. Sentei-me e só esperei o que viria acontecer. Quando faltava 10min para as 06h, o Bruno e o Sidney chegaram.

– Olhe aí, Ruan, quem quis vir. Acordei com ele batendo no vidro do carro.

– O Bruno me ligou de madrugada do carro e falou que a Amanda ia ser operada às 06h. Quero estar aqui com vocês.

– Valeu, pessoal. Obrigado pela consideração!

Uma enfermeira veio nos avisar que a operação tinha começado. A agonia também começou ao mesmo tempo que ela nos avisou.

Infelizmente ou felizmente, nós todos estamos limitados ao tempo. Você tem x idade e sabe que estamos envolvidos com o tempo passando ritmicamente e o sol e a lua nos avisando que passaremos como uma bela flor de orquídea que está tranquilamente plantada em um vaso em algum quintal. Às 08h a enfermeira veio nos avisar que a operação estava em andamento.

– Mas já fizeram o parto? Está tudo bem?

– Desculpe, Sr. Ruan, mas o relatório da operação é o doutor Luiz Fernando, que vai lhe falar ao final da operação.

Tirei o crucifixo do bolso e apertei bem forte. Engraçado, o que conquistei com meus esforços, dinheiro, fama não podiam me ajudar, mas estava segurando uma coisa que ganhei de graça: um crucifixo de uma senhora. A minha exiguidade naquele momento era notável e o crucifixo era o meu grito interno por ajuda. A enfermeira entrou novamente às 10h para avisar sobre a operação. Quando ia dar 12h, o doutor Luiz Fernando entrou na sala. Ficamos de pé.

– Como foi doutor?

– Ruan, o parto foi um sucesso. Porém a hemorragia cerebral, na paciente Amanda, prorrompeu e tivemos que agir rápido para impedir o excesso de sangue. Conseguimos estancá-lo, mas ela está respirando pelos aparelhos. Outra coisa, a perna dela não será amputada.

Estou vendo algumas pessoas chorarem aqui e foi isso que fiz na hora que ouvi o doutor falando que ela estava viva pelos aparelhos. O Bruno e o Sidney me abraçaram.

– Posso vê-los, doutor?

– Pode, sim. O bebê está na incubadora, mas está bem. O estado da paciente Amanda você já sabe.

Esse tempo todo estava segurando o crucifixo.

– Sim, estou pronto para vê-los.

Fui ver primeiro o Joãozinho na incubadora e, quando ia chegando mais perto, o amor por ele ia aumentando a cada passo que eu dava. Ao vê-lo com aqueles fios em seu peitinho, a emoção foi grande demais para segurar o choro. A enfermeira colocou a mão no meu ombro.

– Parabéns! Lindo bebê!

Enquanto ouvia isso, as lágrimas caíam.

– Meu filho! Meu Joãozinho!

– Pode tocá-lo por esta entrada aqui.

Passei a mão por uma entrada redonda que tinha na incubadora e alisei o pezinho dele.

– Você é forte igual a sua mamãe. Logo vamos para casa.

Mesmo soluçando, consegui conversar com ele.

– Agora vou ver a nossa pérola.

Fui ao encontro mais dramático e angustiante que já passei e vou passar por toda a minha vida. Minhas pernas tremiam, minhas mãos estavam suadas, na verdade, eu estava todo molhado de suor. A última vez que a vi, foi quando ela saiu de casa e nem me deixou segurar o seu braço. A cena foi horrível de ver, de relembrar e narrar, porque eu a tinha na minha memória sempre forte, sorridente, extremamente simpática e linda, entretanto ela estava com vários curativos na cabeça, tubos para todos os lados que a pegava da cabeça aos pés. Os aparelhos pareciam metrônomos com aqueles sons ritmados. Fiquei, ali, parado, sem reação. Nessa hora o doutor estava comigo.

– Sr. Ruan! Sr. Ruan! Ele está tendo uma catalepsia patológica.

Lembro que me levaram para uma sala e deitaram-me em uma maca. É incrível perceber a nossa fragilidade quando ficamos diante do medo e do desespero, por isso que disse: não podemos ter uma mente fraca. Mesmo paralisado, conseguia ver tudo e pensar. Injetaram algo em mim e acabei dormindo. Acordei e a primeira coisa que vi, foram dois rostos assustados: o Bruno e o Sidney.

– Não nos assuste mais, Ruan.

– Eu vi a Amanda com aqueles tubos e fiquei com medo de perdê-la.

– Você está melhor?

– Já consigo me mexer. Quantas horas eu dormi?

– Umas duas horas.

– Preciso saber o dia e horário do enterro da dona Amélia.

Para resumir essa parte, fiquei ausente apenas para ir ao enterro da dona Amélia e depois fiquei direto no hospital. Esta conversa tive com o doutor Luiz Fernando:

– Ruan, tenho que falar algumas coisas importantes para você. A paciente Amanda é um caso clínico que possivelmente vai se reverter. A hemorragia cerebral foi muito complicada e afetou algumas partes importantes do cérebro e principalmente o sistema nervoso. Se ela abrisse os olhos hoje, por exemplo, não ia se lembrar de ninguém e não ia se movimentar.

– Doutor, mas não tem nada que pode ser feito? Dinheiro não é o problema.

– Infelizmente não, Ruan. O dinheiro pode fazer muitas coisas, mas reverter um quadro clínico como o da Amanda, realmente não dá. Temos que dar tempo ao tempo.

O Joãozinho estava tendo uma recuperação excelente, mas a Amanda continuava respirando pelos aparelhos. Todas as vezes que eu ia vê-la, doía-me demais pensar em tudo o que aconteceu para ela estar daquele jeito e pela dona Amélia ter falecido. Desculpem-me, tenho que falar sobre o velório e o enterro da dona Amélia e foi depois de eu ter visto o Joãozinho e a Amanda que me informei dos horários e viajei. Quando o corpo dela foi levado e fiquei sabendo da data do enterro, tive que ir para pedir perdão pelo que eu havia dito. O Bruno e alguns parceiros ficaram no hospital e fui com o meu coração despedaçado. O velório foi na capela do cemitério central e, quando cheguei, vi algumas pessoas em pé, outras sentadas e a Joana estava discursando.

– Eu trabalho na casa da dona Amélia há 22 anos e aprendemos a lidar com ela. Queria tudo certo e era um exemplo de força e superação. Sempre olhamos os erros das pessoas e somente no enterro vemos os pontos fortes. Mas uma coisa que eu falava para todo mundo é que a dona Amélia sempre me ajudou financeiramente. Quando meu filho mais velho, que na época tinha 8 anos, precisou operar os olhos por uma inflamação que poderia deixá-lo cego, ela pagou a cirurgia e nunca pediu o retorno. Ela era durona, mas quando me falou que era um presente, eu a vi ficar emocionada.

A Margarete foi a próxima.

– Nestas horas não sabemos o que falar. Tenho 52 anos e comecei a trabalhar na casa da dona Amélia com 20 anos. Na época não tinha nada e hoje meus cinco filhos são formados, tenho uma boa casa, um ótimo esposo e alguns bens que conquistamos. Quando completei 50 anos, a dona Amélia fez toda a papelada para eu ficar em casa e ela ia me pagar normalmente, como uma aposentadoria. Ela me falou que eu já era vovó e precisava mimar os netos.

Ela ria e chorava ao mesmo tempo.

— Preciso terminar de falar porque tem mais pessoas para falar. Eu ficava em casa, mas queria voltar a trabalhar. Falei com ela e me disse que poderia ir apenas três dias por semana e que ia ser os dias pagos sem perder o meu salário que era pago normalmente. Ela olhou para mim e disse que continuaria a ser dura. Esse era o jeito dela e por tudo que tinha acontecido com ela, nós compreendíamos.

Todos olharam para mim e pediram para eu falar alguma coisa. Tive que ir.

— Algumas pessoas sabem que não nos dávamos muito bem. Hoje eu compreendo que ela queria o melhor para a Amanda. Eu era músico e não tinha muitos recursos naquela época para dar uma boa vida para minha esposa. Sei que a dona Amélia cuidou da Amanda desde pequena e por isso era como amor de mãe e não de tia. Tenho que pedir perdão, porque na hora da raiva desejei que a dona Amélia morresse. Mas foi algo sem pensar e quero que o meu arrependimento e o meu pedido de perdão voem pela existência, para me dar paz e felicidade.

Ficamos ouvindo os demais que queriam falar até que levamos o caixão para ser enterrado. Eu fiquei muito emocionado quando começaram a cobrir o caixão com terra e tudo terminou por aqui para ela. Voltei para Curitiba e a Amanda foi operada mais uma vez. Os dias foram passando e quando deu um mês, o Joãozinho já estava pronto para ir para casa. Contratei uma enfermeira para cuidar dele e passava meus dias em dois lugares: no hospital, com a Amanda, ou na minha casa, com o Joãozinho. Quando estava próximo de fazer três meses que eu estava naquela situação de ir para casa e para o hospital, o doutor Luiz Fernando pediu para conversar comigo.

— Ruan, você vai ficar doente se continuar assim. Você emagreceu e continua perdendo peso.

— Doutor, o que posso fazer? Desligar os aparelhos?

O doutor fez uma cara de susto.

– Não falei isso, Ruan. Mas você pode levar a Amanda para sua casa.

– Posso?

– Sim, só precisa de advogado para dar a entrada no processo, depois alugar os aparelhos e os profissionais.

Não pensei duas vezes. Fiz todos os procedimentos e aguardei até que consegui levá-la.

– Bom dia, minha Razão. Se você estiver me ouvindo, saiba que hoje você vai para casa e ficaremos nós três juntinhos: você, o Joãozinho e eu. Eu a amo muito e quero sempre estar ao seu lado.

À tarde ela foi levada para casa. Já tinha o quarto todo preparado e muitas pessoas aplaudindo a chegada dela do lado de fora.

– Olhe a nossa casa novamente. Quem está aqui para ver a mamãe?

Quando ela já estava no quarto com todos aqueles aparelhos nela, coloquei o Joãozinho deitadinho ao lado dela. Ele dormindo ao lado da mamãe.

O TEMPO TEM DUAS FACES

Todas as manhãs eu ia buscar o Joãozinho para ficar com a Amanda. Deixava-o ao lado dela e sempre conversava sobre ele. Como ele crescia rápido e era esperto que nem ela.

– Ele vai amar livros igual a você. Nem sabe o que aconteceu, fui ler uma historinha para ele e como ele ria. Amanda, estou com saudade do seu sorriso, do seu abraço, das suas histórias. Mas estou feliz por ainda ter você aqui conosco e acredito que você vai melhorar. Se estiver nos ouvindo, o Joãozinho falou algo aqui que vou traduzir para você: mamãe, eu a amo.

Recebia muitas cartas e sempre lia algumas. Pessoas contavam as suas histórias e via que não era só eu que estava passando por um momento difícil. O que você passa hoje pode consolar muitas pessoas amanhã. A vida é assim, une as pessoas na face triste do tempo. Ele nos olha com o rosto feliz ou triste e todos passam por um período assim. Os provérbios dizem que há tempo para sorrir e tempo para chorar. Algumas pessoas achavam melhor a Amanda ter morrido. Outras falavam que só estava viva pelos aparelhos e muitas me davam força por escolher acreditar. Não falo para vocês que é fácil, não é! Acordar e olhar a pessoa que você ama respirando por aparelhos sem se mexer e sem mostrar nenhuma aparência da vida sobre a sua pele ou em seus olhos. É difícil! Mas eu escolhi ficar com ela até o fim. Lembro-me que em uma noite estrelada, abri a janela e coloquei uma música que ela gostava. Fiquei ali dançando e depois fui deitar ao lado dela.

– Sabe, minha Razão, você é a melhor música para se dançar durante uma noite toda! Acredito que você esteja me ouvindo, mas mesmo se não estiver, eu continuaria aqui conversando com você. Tenho que falar uma coisa. Quando você estava no hospital, uma senhora me deu este crucifixo e fiz uma promessa que acreditaria naquele para quem aquela senhora rezava. Hoje penso muito em Deus e agradeço por não ter deixado você e nem o Joãozinho morrerem. Você sabe que não acreditava nessas coisas, mas hoje acredito.

Foi nesse período extremamente árduo que escrevi a música "Quero estar ao seu lado".

Se tudo piorar eu quero estar ao seu lado minha Razão.

Os dias vêm e vão, mas temos que ter a esperança de ver o amanhecer.

Falo bem pertinho de você.

Com o nosso Joãozinho no meu colo.

E o ensino a dizer: Mamãe! Mamãe! Essa é sua mãe! Sua mãe!

> *Não nos deixe, por favor. Queremos estar com você!*
>
> *Acorde desse sono tão cruel. Que nos faz chorar sem parar. Sem parar. Sem parar. Sem parar.*
>
> *E o que vamos fazer sem você por aqui?*
>
> *Pedimos pra você continuar aqui.*
>
> *Continuar aqui! Continuar aqui! Continuar aqui!*
>
> *Continuar conosco!*

Isso era o que muitas vezes acontecia: lágrimas, lágrimas e lágrimas. Muitas vezes batia o desespero e tinha que pegar o violão ou tocar piano para ficar mais tranquilo. Quase sempre meus parceiros da música estavam em casa. Até o Douglas, que morava na Itália, veio nos visitar. Quero deixar esta frase: o perdão faz novamente o tempo sorrir para você. Calma, vocês vão entender o motivo dela. Estava dando banho no Joãozinho e me chamaram dizendo que uma mulher estava querendo falar comigo. Ela falou apenas que era uma amiga.

– Alô!

– É o Ruan?

– O próprio. Quem está falando?

– Você me conhece como Elizabete.

– A mulher fantasma? Que ninguém conhece?

– Precisava muito falar com você. Não consigo dormir e fiquei depressiva. Preciso lhe contar algo e espero que me perdoe.

– Não foi a sua culpa, Elizabete. Eu que devia ter pensado e não ter feito nada. Mas essa história acabou.

– Meu nome não é Elizabete. É Lhiliany.

– E?

– Recebi uma proposta de um homem para cantar no show e dar em cima de você.

– O quê?

– Sim. Ganhei um bom dinheiro e ele me prometeu a gravação de um disco, mas nunca gravei.

– Não estou entendendo! Você foi paga para dormir comigo?

– Sim, Ruan. Eu queria muito gravar um disco e estava precisando de dinheiro e vi uma oportunidade de ouro. Não pensei nas consequências que poderia suceder na sua vida.

– E quem lhe contratou?

– Quem mandou esse homem me fazer a proposta e levar o dinheiro.

– E quem foi?

– Deixe-me só lhe contar para você entender melhor a história. Tiraram nossas fotos no restaurante, beijando-nos no corredor do hotel e entrando no seu apartamento. Ganhei mais dinheiro para levar as fotos para a Amanda no shopping, mas o homem me falou algo que depois eu fui entender.

– O que ele falou?

– Falou para eu ir à loja Amélia Modas, que era da nossa chefe, e entregar o envelope com as fotos para a Amanda. Antes disso, naquele dia do hotel, ele me pediu para deixar o envelope na recepção para que você suspeitasse do Bruno.

– Foi uma armação para eu me separar?

– Foi, Ruan. E quem mandou foi a tia da sua esposa.

– Você é louca!

– Perdoe-me, Ruan. Por favor!

– Não ligue mais para este número.

Eu não sabia se acreditava, mas quanto mais eu pensava nisso, mais ficava óbvio que era verdade. A dona Amélia fez de tudo para que terminássemos o casamento. Contei tudo para o Bruno.

– Bruno, será que é verdade?

– Se for, Ruan, ela já morreu. Você não vai melhorar pensando nisso tudo, pelo contrário, vai ficar muito pior. Você tem que seguir a vida e continuar cantando e tocando. Seu objetivo agora é cuidar da Amanda, do João e seguir em frente.

Aquelas palavras me sacudiram e era tudo verdade. Não podia cavar coisas que não ajudariam em nada, porque já estava pensando até que o acidente foi intencional para matar todos no carro. Como têm pontos finais em uma frase assim, há picuinhas de nossas vidas que devemos deixar de lado e seguir em frente. Eu não sabia rezar, mas falei da minha forma.

– Desculpe-me, porque não sei rezar, mas peço perdão por tudo que fiz. Falam que o Senhor olha tudo e conhece todas as coisas. Eu não acreditava em nada, mas agora eu acredito mesmo sem lhe conhecer e também lhe agradeço pela vida da Amanda e do meu filho Joãozinho. Peço que a Lhiliany ligue de novo para que nós possamos nos perdoar. Outra coisa, dai-me força para aguentar tudo o que está acontecendo. Obrigado por me ouvir. Amém!

Levantei leve e duas coisas aconteceram que comecei a acreditar mais na minha petição. A primeira foi que a Lhiliany me ligou mesmo eu tendo falado para ela não me ligar.

– Alô.

– Só me ouve, Ruan, por favor.

– Lhiliany, obrigado por ter ligado. Eu quero pedir perdão pelo que fiz e falei para você.

– Você o quê? Não estou entendendo! Eu que tenho que pedir perdão.

– Eu fiquei irado na hora, mas também tive culpa e não sou melhor do que você. Cometemos aquele erro e estávamos presos, mas agora nos livramos pelo perdão.

Ela fez um silêncio.

– Lhiliany, está tudo bem?

– Ruan, eu não sabia mais o que fazer. Não conseguia dormir e estava tendo crises perturbadoras pelo que fiz. É um alívio conversar com você e saber que você está me perdoando. Obrigado, Ruan, por me libertar dessas crises perturbadoras.

– Saiba que agora você vai ter um sono leve e tranquilo e vai viver a sua vida.

Percebi que ela estava assoando o nariz.

– Eu desejo tudo de bom para vocês, Ruan. Felicidades inacabáveis! E me arrependo por tudo o que fiz do fundo da minha alma!

– Obrigado! Para você também! Agora, limpe essas lágrimas e vai viver, Lhiliany. Um grande abraço.

Vocês podem estar se perguntando: como você conseguiu perdoar? Eu tive uma vontade enorme de perdoar, brotou no meu coração um desejo imenso de liberar perdão e agora vocês vão entender a frase que falei anteriormente: o perdão faz novamente o tempo sorrir para você. Fiquei feliz, leve, contente e fui conversar com a Amanda.

– Oi, minha Razão. Eu estou feliz, porque perdoei uma pessoa e fui perdoado. Também sei que você estava voltando para casa porque me perdoou. Fico ainda mais feliz por saber disso. Obrigado, minha Razão. Eu a amo demais.

Tive que fazer um show acústico em um teatro em São Paulo e quando voltei, vi a surpresa que me falaram pelo telefone: "A Amanda voltou a respirar sem os aparelhos".

– Amanda, está respirando sozinha? – Foi isso o que falei quando cheguei e a encontrei respirando sem os aparelhos.

As lágrimas caíram. Mesmo ela estando ainda inconsciente, já estava respirando sozinha. Fiquei deitado ao lado dela, ouvindo a respiração mais suave de tudo o que existe. Depois de algumas horas o doutor Luiz Fernando veio examiná-la.

– Fiquei surpreso pela notícia, Ruan. O estado clínico dela não era dos melhores. Mas deixe me ver como ela está indo sem os aparelhos.

– Surpresas boas alegram os nossos corações, doutor.

– E muito, Ruan. Vou pegar as fichas com os enfermeiros.

– Eles estão lá em cima.

Há tempo de chorar, mas quando for o tempo de sorrir, não perca tempo com nada, apenas sorria e vibre pelo seu momento. O doutor terminou o exame e veio falar comigo.

– Ruan, não sei o que aconteceu, mas ela está com a respiração estável. Só vamos esperar se ela irá ficar consciente.

– E vai, doutor.

O tempo estava passando e o Joãozinho crescia e ficava muito esperto. Ele já estava com 11 meses e sempre o levava para conversar com a mamãe. Certo dia, quando eu estava segurando-o ao lado da Amanda, ele falou "ma-

ma". Foi emocionante e se ela ouviu, com certeza ficou muito emocionada como eu fiquei. Os dias passaram ligeiramente e a Amanda abriu os olhos pela primeira vez depois do acidente, quando eu estava cantando uma música que tinha feito naqueles dias: "Teu cuidado".

Como é bom tê-lo aqui e sentir a tua presença comigo.

Te amo, Senhor, meu Pai! Sentir o teu carinho por mim.

Como é bom tê-lo aqui e sentir a tua presença comigo.

Te amo, Senhor, meu Pai! Sentir o teu carinho por mim

Sentir o teu cuidado é bem melhor que tudo aqui.

As riquezas que o mundo dá não tem valor. Quando me encontro em tua proteção.

Sentir o teu cuidado é bem melhor que tudo aqui.

As riquezas que o mundo dá não tem valor. Quando me encontro em tua proteção.

Foi um susto maravilhosamente inexplicável quando vi os cílios dela se mexerem e seus olhos começarem a piscar lentamente. Para que vocês possam imaginar como fiquei, não vou falar a cena. Liguei para o doutor Luiz Fernando, que imediatamente arrumou um horário na sua agenda para examiná-la, embora estivesse muito receoso durante a ligação.

– Boa noite, Ruan. Vamos ver como está a Amanda?

– Eu estava com ela, doutor! Está bem acordada.

– Ótimo!

O doutor a examinou e me informou que tinha que levá-la ao hospital para fazer alguns exames importantes. Levamos a Amanda ao hospital e ela passou uma noite lá e eu sempre junto. O diagnóstico foi que ela não ia ter mais movimentos, nem falar, e o pior, não ia se lembrar de nada nem ouvir. Para muitos, ela seria uma morta-viva, mas, para mim, seria a mamãe do meu filho e minha esposa. Aos poucos conseguimos colocá-la em uma cadeira de rodas que mandei fazer adaptada para ela e isso já era mais uma vitória. Nascemos unicamente para conquistar as coisas impossíveis e necessárias para continuarmos a viver; o amor é a corda, a vontade é a esperança e a fé é a força para chegarmos ao cume do monte.

7

A VIDA ENSINA A TODOS, MAS SÓ ALGUNS APRENDEM A VIVÊ-LA

Os parques nos esperavam pelas manhãs e as árvores nos cumprimentavam alegremente por meio dos cânticos dos pássaros. A Amanda não se mexia. Como o doutor tinha dito, a pancada na cabeça que ocasionou a hemorragia eliminou todos os movimentos e, aparentemente, a sã consciência, mas eu ainda acreditava que ela podia nos ouvir e vibrar conosco ao seu lado. Eu, nesses anos que passei, aprendi muito lendo, pensando, analisando cada pergunta que eu lançava ao universo e era ensinado, pelas circunstâncias da vida, a viver cada vez melhor. Dei mais valor a cada ponto de felicidade que passava por mim e pelas pessoas ao meu redor. Via as dificuldades sendo degraus para aprender e crescer, porque eu ia buscar as novidades. Os obstáculos me falavam: "Ruan, sirvo para lembrá-lo que ainda está vivo e quando você morrer, não vou mais incomodá-lo". Como admiro o ar que respiramos, ele sempre me lembra que o meu orgulho humano um dia vai perecer. Por isso a humildade se dá bem com tudo o que envolve a criação e cada partícula dela. Aprendi a saborear alguns fragmentos do amor, porque nunca vamos aprender totalmente sobre ele. E a primeira coisa que precisamos fazer é nos amarmos e também os outros como a nós mesmos. Vocês e eu temos dons e o que seria dom? É um presente que você tem dentro da sua alma e ele não é seu, mas você deve dar aos outros: para ver, ouvir, sorrir, chorar, enfim, viver dia após dia ganhando e dando presentes uns aos outros. Concluí que o fim da vida feliz é fazer o outro feliz e encantar-se com a vida, mesmo muitas vezes ela sendo injusta. Se vocês acreditam apenas no que veem, é penosa a vida, porque acreditar apenas em fatos explicados limita a visão do inexplicável. Como posso ver o amor? Mediante alguém que me dê um pedaço de pão no momento da escassez. Alguém que dê um gole de água no deserto, por essas coisas vou ouvir o amor sussurrar em meu ouvido: eu estou aqui e eu realmente existo, portanto estou dentro de você. Há coisas que não podem ser compradas: o amor, a amizade e a vida eterna. Porque há sementes para plantar para cada uma delas e as sementes nós não podemos ver, apenas os frutos iremos saborear, por isso que tanto os ricos como os pobres podem tê-las: é para todos! Não espere acontecer o bem com você para promovê-lo, mas seja o primeiro, e os demais falarão o seu nome quando for executá-lo. Invista naquele que ninguém investe, porque a gratidão será infinita e a sinceridade será eterna. Falei algumas coisas que aprendi durante meus momentos cuidando da Amanda e vendo o Joãozinho crescer, mas agora vou continuar a história, pois as horas não nos esperam e vocês querem ir para casa.

8

UMA HORA IREMOS DIZER ADEUS

Eu estava com esperança de um dia acordar e vê-la lembrando-se de tudo, e dando aquele belo sorriso que sempre dava quando chegava em casa ou íamos conversar. Depois de quatro anos, eu já tinha aceitado o estado dela e amava levá-la ao parque ou em algum passeio da família. O Joãozinho já estava um rapazinho e, quando podia, não parava de beijá-la. O sorriso dele lembrava muito o dela e eu agradecia por isso. O enfermeiro que cuidava dela só chegava às 13h para ver os batimentos e fazer um relatório, e ia embora às 18h. Só quando eu ia fazer algum show que outros enfermeiros ficavam o tempo que eu passasse fora. No início não dormia no mesmo quarto, mas no segundo ano coloquei uma cama para passar a noite cuidando dela. Inúmeras vezes acordava durante a noite para ver como ela estava. Porém, certo dia, levantei-me, troquei de roupa e fui arrumá-la para irmos ao parque. Quando fui até ela para arrumá-la, não senti a respiração. Ela estava morta. Jamais vou conseguir transmitir o que passei naquele momento para vocês, mas foi horrível. Lembro-me que chorei muito em cima dela, até ficar um aglomerado de pessoas naquela casa. As pessoas vinham falar algo para mim, entretanto não conseguia concentrar-me para ouvi-las. Alguém me puxou e foi o Bruno.

– Estou contigo, Ruan. Onde está o João?

– Está com a enfermeira.

Escrevi a música "Lembranças marcam" para cantar na cerimônia. Ela fala um pouco do que estava sentindo e quando fui falar, eu cantei.

Difícil foi perder você de mim e aqui estou aflito.

Estou sem entender porque me deixou sozinho por aqui.

Mas foi bom demais! O tempo que passei com você.

E eu vou sempre lembrar dos momentos que tivemos só nós dois.

Lembranças marcam e você me marcou, meu Amor! Meu Amor!

Não sei o que falar para você que me amou tanto.

Mas sei que você quer que eu vença esta dor no peito.

Mas foi bom demais viver com você, minha Razão.

E eu vou sempre lembrar dos momentos que tivemos só nós dois.

Lembranças marcam e você me marcou, meu Amor! Meu Amor!

Mas sei que você quer que eu cante e toque pra você! Pra você!

Vi a Margarete falar, a Joana, o Bruno e outras pessoas que conheciam a Amanda e chegou o momento de dizer adeus. Aproximei-me do caixão.

– Razão, obrigado por ter passado esse tempo comigo e sei que eu fui beneficiado com a sua companhia. Eu vou sempre agradecer por ter tido você ao meu lado, porque sei que não a merecia. Você me fez sorrir, ensinou-me a gostar de ler, deu-me um filho lindo que parece com você e me ensinou a amar de verdade. Não acreditava em nada que não fosse o aqui e agora, mas você me ensinou a ter saudade e me mostrou que tem algo além desse mundo real e passageiro. Perdoe-me por tudo que cometi e obrigado por tudo! Eu sempre a amarei.

Com essas palavras, dei meu adeus e o caixão foi fechado, levado e enterrado depois de nove anos do acidente. Hoje o Joãozinho está com 17 anos, mas em 12 de março fará 18 e está sentado na primeira fileira ao lado do Bruno, do Douglas, da Margarete e da Joana. Por favor, fiquem de pé para todos aplaudirem vocês que participaram comigo desses bons e maus momentos que passei e fizemos juntos uma carreira de sucesso. Obrigado por vocês existirem e me deram a oportunidade de conhecê-los. Filhão, você sempre vai ser o Joãozinho do papai e da mamãe que está nos nossos corações. Obrigado a todos que estão aqui me ouvindo, cantando junto, chorando comigo e muitos seguem minha carreira desde os primeiros anos. Obrigado mais uma vez. E jamais vou deixar de agradecer a Deus, que sempre me deu força para enfrentar tudo, sentindo o seu amor e perdão. Obrigado, meu Deus! Neste dia, 7 de janeiro de 2019, estou me aposentando dos palcos para começar um novo projeto de vida. Mas antes de terminar e sair do palco, quero ler a letra da minha última música que escrevi no ano de 2018.

"Ficar pensando em você é tão maravilhoso e assustador.

Quanto mais as horas passam, mais eu fico com saudade de você.

Está ao seu lado sempre foi tão bom para mim.

A Saudade me consome todos os dias.

Saudade, Saudade, saudade.

Pode me consumir porque isso me torna vivo.

As horas que penso em você me aproxima mais e mais do seu belo sorriso.

Saudade, Saudade, saudade.

Pode me consumir porque isso me torna vivo.

Saudade não é uma parede que me afasta de você.

Mas somente mostra para mim como você foi e sempre será importante

e passou por minha vida deixando uma marca com a inicial do seu nome no meu

coração.

Por isso que foi e sempre será tão bom o seu amor.

e nunca morrerá para mim e sempre estará viva eternamente no meu coração.

As horas que penso em você me aproxima mais e mais do seu abraço.

Saudade, Saudade, saudade.

Pode me consumir porque isso me torna vivo.

A saudade afirma que existe uma vida além desta e eu confio em Deus."

OBRIGADO A TODOS!

MAIS AGRADECIMENTOS

Ao vocalista Lester Baldini, por ter aceitado o convite para cantar as músicas.

Ao pianista Netto Martins, por ter aceitado o convite para tocar.

A Mariana Surkamp, por ter me apresentado aos dois.

A Arnaldo Araújo, por elaborar os QR Codes.